自閉症の人の機能的行動アセスメント（FBA）

問題提起行動を理解する

ベス・A.グラスバーグ／ロバート・H.ラルー

門 眞一郎=訳

明石書店

この本は、いくつかのルールを破ってしまった親や教師のためのものです。例えば、子どもが期待通りに正しく要求しないのに、クッキーをあげてしまったり、真顔でいるつもりが嫌味な言葉につい笑ってしまったり、適切なタイミングではないのにやたらハグをしたりなどのルール破りです。

　完璧さを求めないでください。私たちは、日々ベストを尽くしている親や教師に敬意を表します。

　そして、私たちが目標を達成するために必要な愛とサポートを与えてくれる家族にも感謝します。この本を完成させることができたのは、家族のおかげです！

目　次

はじめに　5

第1章　問題提起行動はなぜ生じるのか　15
第2章　行動はいかに学習されるか　29
第3章　着手：機能的行動アセスメントを完了するための最初のステップ　59
第4章　行動の測定　77
第5章　誰が何を知っているかを知る　97
第6章　観察タイム　125
第7章　仮説の検証　141
第8章　代替アセスメント・モデル　161
第9章　すべてをまとめる：アセスメント・プロセスの要約　179
第10章　ついに行動の機能が分かった：では、どうする？　185
第11章　特別な状況とトラブル解決作業　199

文　献　214
付録A　行動頻度記録データシート　218
付録B　行動持続時間データシート　220
付録C　行動潜時データシート　222
付録D　行動強度測定用データシート　224
付録E　タイム・サンプル・データシート　225
付録F　永続的所産データシート　227
付録G　A-B-C データシート　229
付録H　記述分析データシート　230
付録I　同意書　232

付録 J　AB 機能分析データシート　236

付録 K　先行操作データシート　237

付録 L　機能分析データシート　239

索　引　240

訳者あとがき　244

著者紹介・訳者紹介　247

はじめに

この子はあなたの子？

　あなたの子どもは、まったく無意味としか思えない行動を取りますか？ たとえば、その行動に他の人は傷ついたり困惑したりしますか？ それともその行動は、子ども自身が望んでいることではないように思えますか？ 子どもは、その行動のために罰せられたのに、まだその行動を取り続けているのですか？ 子どもが言葉を使いさえすれば、欲しそうにしているものを、すんなり与えることになりますか？ こういった一見無意味な行動を取っている子どもの親または教師として、あなた自身、イライラし困惑しているかもしれませんね。でも、あなたは一人ぼっちではありませんよ。残念ながら、こういった厄介な行動は、自閉スペクトラム障害（ASD）の人にはよく見られます。以下の4事例について、そのどれかがあなたの場合に似ているかどうかを考えてみてください。

グレイス・カーマイケル

　ブラント先生は、10月までには仕事を辞める準備ができていました。先生はここ数年、2年生のクラスを教えることを楽しんでいましたが、今年は違いました。8歳の少女のグレイス・カーマイケルが、先生の人生を滅茶苦茶にしていたのです。グレイスには自閉スペクトラム障害（ASD）があり、ブラント先生の普通学級に入っていました。グレイスは、他児にとても興味があり、新しい学級に入り、新しい友だちを作る機会を得たことに興奮していました。何日間か、グレイスにはまったく問題がありませんでしたが、突然、椅子を持ち上げて、隣の席の子どもの足にその椅子をたたきつけたのです。図工の時間には、近くに座っている子どもの腕を噛むことがあります。列に並んでいるときには、自分の前に並んでいる子どもを平手打ちすることがあります。

　被害を受けた子どもたちは、グレイスを怒鳴りつけたり、殴り返したりしましたが、グレイスは攻撃的な行動をやめませんでした。グレイスは校長室に行かされ、昼食のデザートはなしにされ、電話を受けて母親はグレイスを迎えに来ました。しかし、いずれもまったく効果はありませんでした。グレイスの乱暴狼藉は続いたのです。ブラント先生はグレイスを助けたいと思っていましたが、特別支援教育や行動問題に関する経験はほとんどありませんでした。学校心理士は、これほど一貫性のない深刻な行動問題には、取り組んだことがありませんでした。グレイスは学業面では伸びていましたが、対人関係面では普通学級を選んだことは失敗でした。他の子どもたちはグレイスを怖がっていました。インクルーシブな教室からグレイスが得るものは多いだろう、とブラント先生は思っていたので、グレイスを制約の多い教室に移すことには躊躇しましたが、この危険で破壊的な行動を考えると、もは

や選択の余地はないと確信しました。

ジャマール・ブラウン

　4歳のジャマール・ブラウンは、家庭中心の行動単位型〔ディスクリート・トライアル〕指導プログラムで、すばらしい進歩を遂げていました。実際、ジャマールの両親や先生たちは、次の学年では幼稚園のインクルーシブな教室に入れることができると考え始めていました。ジャマールは、勉強や身辺自立、運動のプログラムをどんどんこなすだけでなく、ソーシャル・スキルのプログラムも順調にこなしていました。そして、適切な身振りやイントネーションも使いながら、さまざまな話題に関して完璧な会話をすることができました。

　定型発達のクラスメートと交流する準備はジャマールにはできている、と親と先生は確信し、それを試すために幼児の体操クラスに入れることにしました。

　しかし、とても驚いたことには、ジャマールは他児とうまくやりとりできませんでした。ジャマールは他児をじっと見て、彼らの活動に興味を持っているようには見えましたが、他児に近寄ろうとはしませんでした。他児が近づくと、ジャマールは奇妙な顔をし、体をゆがめた姿勢をとりながら、他児を見つめるだけでした。悲しいことに、他の子どもたちは間もなくジャマールとは遊ばなくなりました。

ダラ・リットマン

　ダラ・リットマンに、「ボーイズバンドのワン・ダイレクション（One-D）の話はもうしないで」と母親が一度言ったら、その

後1000回は言うことになるのです。ダラは、テレビ番組でOne-Dを一度見て以来、One-Dについて話すことを止められなくなりました。最初、両親は興奮しました。高機能ASDの娘は、ついに年齢相応のアイドルに興味を持つようになったというわけです。思春期間近なのに、娘はセサミストリートの登場人物が大好きということの恥ずかしさから、ついに解放されたのです。そして娘の友だちは気づいたのです！ "One-D" のすべてに関するダラの知識の深さに非常に感銘を受けたのです。

　残念なことに、One-Dに対するダラの関心は、急激に高まり続けました。ダラは、ほとんどすべての会話を、このバンドに向け始めました。この話題の異様な変化に、友だちは不快感を覚え、ついにはダラを避けるようになりました。それでも、ダラのOne-Dへの熱中はますます激しくなりました。ダラが話すことは他には何もなかったのです。ついに、母親はこの強迫的なお喋りを終わらせることにし、One-Dについての話を禁じました。さらに、One-Dのことを口にしたら、夜の貴重なテレビ視聴時間を10分間失うという規則を作りました。しかしそれでも、"One-D" の話は続きました。昨夜は、テレビ視聴時間2時間をすべて失いました。不思議なことに、それでも "One-D" の話には何の影響も及ぼしませんでした。なぜこの行動が制御不能なのかが、リットマン夫人には理解できませんでした。

アンソニー・カポゾリ

　カポゾリ氏は、いつもの不快な音が居間から聞こえてくると、走って行きました。予想通り、自閉症で言葉のない15歳の息子アンソニーが、頭を窓ガラスに打ちつけていました。「アンソニー！」と父親は叫び、彼を窓ガラスから引き離しました。父親

は、頭突きは危険だし、やってはいけないということを、厳しく息子に思い出させようとしました。それから、アンソニーをビーズの箱のところに連れて行きました。そこは普段は立ち入り禁止にしていましたが、家族はそこを使って、この危険な行動を続けることからアンソニーの気をそらすことにしていました。

今日、カポゾリ一家は幸運でした。アンソニーはガラスを割らなかったのです。でも他の日は、そうではなかったのです。この行動によって、家族は何度も救急治療室のお世話になり、何枚もの窓ガラスを失ったからです。さらに重要なこととして、その行動は両親に計り知れないほどの心配と悲しみをもたらし、自分たちは無力で、息子を息子自身から守ることができないという不快な感覚に襲われていました。頭突きを中断させることができるビーズを持っていたことを、カポゾリ氏と妻は感謝しながらも、なぜ頭突きをするのかを理解し、最終的にはそれを完全に防ぐことができたらいいのに、とカポゾリ氏は思ったのです。

前述の4人の子どもの行動は、自閉スペクトラム障害の子どもに見られる行動問題の、ほんの数例です。あなたが関わっている子どもは、不服従、不注意、反復行動、あるいはその他の問題を、あなたに突き付けているのかもしれません。生命を脅かすおそれのある行動もあれば、単にいらだたしいだけの行動もあります。器物損壊につながるおそれのある行動もあれば、家族や友人との関係を破綻させるおそれのある行動もあります。親によっては、これらの行動は、子どもの障害を常に痛烈に思い出させるものですし、別の親にとっては、子どもを地域社会に参加させる際の不断の障壁となるかもしれません。

それぞれの行動は、他の行動とは全く異なっているように見えますが、共通している部分があります。上記の各行動は、何の意

味もないように思えます。これらの行動を取っている子どもは、テレビの視聴時間から他児との好ましいやり取りに至るまで、その子どもが大切にしているものを失いますが、それでもその行動を取るのです。アンソニーの頭突きなどの行動は、非常に苦痛であるように見えるのですが、それでもその行動は持続します。

　これらの子どもたちをケアし、その安全と幸福を願い、友人や最愛の人たちに十分恵まれることを切に望む人たちにとって、これらの行動は、非常にいらだたしいものとなり、この子どもたちがいる場所と、子どもたちにいてほしいと私たちが望む場所との間の障壁になることがよくあります。本書の目的は、これらの障壁を取り除くのを助けることです。本書は、読者がこれらの厄介な行動が、どのようにして、そしてなぜ生じるのかを特定するとともに、それらを取り除く方法の基本を学ぶことを手助けするものです。さらに本書は、投薬を必要とする特定の行動（チック症など）には役立ちませんが、根底にある医学的問題の一部である行動と行動支援に反応する行動との区別を学ぶことには役立ちます。

　行動研究の専門家が長年の研究と経験から学んだことは、一見無意味な行動を理解することが、それを制御するための不可欠なステップであるということでした。その意味は、そのような行動が、その主体にとっては、実はまったく理にかなっているものだということを受け入れ、その理由を特定するべきだということです。「この行動の目的は何か？」、そして「この行動は、その子どもにどのような利益をもたらすのか？」ということを自問しなければなりません。

　障害者の問題提起行動[1]の生起に寄与する要因を、体系的に特定する確たる手順が開発されています。その手順を総称して、《機

1　〔訳注〕behavior problem を本書では問題提起行動と訳した。

能的行動アセスメント》と呼びます。理想的には、機能的行動ア
セスメントの結果を、効果的な行動支援計画を作成するために使
うことになります。

　研究を重ねるごとに明らかになったことは、徹底的な機能的行
動アセスメントに頼ることは、望ましくない行動への対処に最
も成功しやすい方法だということです（例：Repp, Felce & Barton,
1988）。機能的行動アセスメントに基づく行動支援計画は、あ
らゆる年齢、あらゆる機能レベルの人に有効です（例：Crone,
Hawken & Bergstrom, 2007; McLaren & Nelson, 2009; Wilder et al.,
2009）。このやり方は、最重度発達遅滞の人だけでなく、診断名
などない定型発達児者にも該当します。機能的行動アセスメント
を支持する研究は非常に説得力があるため、法的に、米国の公立
学校は、問題提起行動に対処する際にこの種のアセスメントの実
施を検討しなくてはならない（障害者教育法, 2004）のです。

　機能的行動アセスメントを理解し実行するには、行動分析の専
門家である必要はありません。本書で、包括的な機能的行動ア
セスメントを独力で完了する方法を読者に教えます。さらに、この
改訂版には、初版の発行以降に開発された方法が含まれており、
これらのアセスメントの原則を家庭や学校で容易に使用できるよ
うになっています。親、祖父母、グループホームのスタッフ、そ
の他の支援者、教師、学校心理士、およびこの分野で特定のトレー
ニングを受けられなかったその他の専門家の手助けをするために、
本書を書きました。本書で説明する方法は、幼児、就学前児、学
齢期の児童生徒、青年、およびあらゆるタイプの自閉スペクトラ
ム障害の成人、および他にも問題提起行動のある人に使用できま
す。

　行動原理の一般的な説明は、問題提起行動はどのように生起す
るのか、そして自閉スペクトラム障害の人が問題提起行動を取り

やすいのはなぜなのかを含めて、第１章と第２章で説明します。また、これらの章で取り上げるその他の基礎的なトピックとして、学習の原理について説明し、ある状況下でどの行動を実行するかを決定する要因について論じ、行動を強化する可能性のある結果事象のタイプについて概観します。さらに、第１章と第２章で、機能的行動アセスメントについて概観し、複雑で理解困難な行動を理解する上で、機能的行動アセスメントがどう役立つかについても説明します。

　読者にとっては、この２つの章が、機能アセスメント（さまざまな形式の機能分析も含む――これが《ゴールド・スタンダード》です）の実施を、実際的かつ段階的に導いてくれる第３章から第８章までの準備となります。機能アセスメントは、問題提起行動が生起している理由を特定し、効果的な支援についての情報を提供するためのものです。これらの章には、機能アセスメントのプロセスを実行しやすくするための《簡単なまとめ》、およびアセスメントを実施するときに使うと便利なツールも用意しています。このガイドは、効果的な支援策を策定するために、最終的に必要となるアセスメント結果の解釈の仕方を学ぶ上で役に立つでしょう。第９章ではアセスメントのプロセスを要約し、第10章では、これらのアセスメント結果から効果的な支援計画を策定する方法を紹介します。最後の第11章では、成人の問題、非常にまれですが深刻な行動、トラブル解決作業などの特別な話題について説明します。

　この知識とスキルの組み合わせを武器に、読者は次のことができるようになります。一見無意味に見える行動を理解し、障壁を取り払って、児童生徒が充実した幸せな生活を送る手助けができます。あなたが支援している人が問題提起行動によって苦境に陥っているなら、あなたはその人の人生を変えるスキルを身に付

けることができます。ご自分の力を発揮するために、ぜひご一読
ください。

第1章 問題提起行動は
なぜ生じるのか

　問題提起行動には腹が立つことがあります。《はじめに》で説明した事例について考えてみてください。なぜアンソニーは自分自身にそんなに多くの苦痛を与えるのでしょう？　なぜグレイスはそのような暴力的な行動によって友だち付き合いの機会をつぶすのでしょう？　これらの質問に対する答えは簡単に気づけるものではありません。専門家は非常に長い間、問題提起行動を理解しようとして苦労してきました。この章では、問題提起行動の原因と支援についての私たちの考え方が、歴史の流れの中でどのように変化したかについて簡単に説明し、そのことに結び付けて、自閉スペクトラム障害（ASD）の人に問題提起行動が頻繁に生じる理由についての現在の考え方を説明します。

問題提起行動についてどう思いますか？　歴史を振り返ってみましょう

弱化（罰）に基づくアプローチ

　歴史的に見てみると、かつては行動について考えられる原因を

考慮せずに、行動支援をしていました。「なぜしているのか」を考えずに、「何をしているのか」という問いに焦点を合わせました。行動がどのように見えるか、そしてどの身体部位が関係しているのかに基づいて、弱化が選ばれました。たとえば、男の子が悪態をついた場合、母親は石鹸で口の中を洗うこともありました。女の子が誰かを殴った場合、先生はその子の腕を体側に30秒間押しつけ続けることもありました。このような方法を使って試行錯誤しながら、支援者は効果的な弱化の仕方を探しました。実際、弱化に基づくアプローチは、多くの非専門家が今日でもよく試みる最初の支援方法です。

　この弱化に基づくアプローチには、多くの問題があります。第1に、この種の弱化を使うとき、問題提起行動を取ることから本人が何を得ているかを知ろうとはしていません。実は、その人がそういうことをしたということは、何かを得ようとしていたということなのです。したがって、仮に罰が効いて、その行動が生じなくなったとしても、本人には欲しいものを手に入れる適切な方法がないままなのです。そうなると、本人は自分のニーズを満たすための新たな方法を見つける可能性があり、それは従来の方法よりもさらに好ましくない行動かもしれません。たとえば、少年が学習課題に取り組むよう言われるたびに教師を殴るので、それが弱化された場合、彼は確かに先生を殴ることはやめるかもしれませんが、代わりに机上の教材を払い落とすようになるかもしれません。どちらの行動も、課業を先延ばしにするという点で同等の効果があります。

　第2に、子どもが行動から何を得ているのかを私たちが知らずに対応すると、不注意にその行動を強化してしまう可能性があります。先ほどの先生を殴っていた少年のことをもう一度考えてみましょう。この例では、この行動が、学業を回避するのに役立つ

ために持続したと考えられます。彼を（学業から離して）校長室に行かせることで罰するなら、彼の行動を不注意にも強化することになり、彼が再び先生を殴る可能性を高めてしまうのです。

　この種の弱化に関する最後の問題は、あるレベルの弱化にはそのうちに慣れることがあるということです（e.g., Ratner, 1970）。このことは、弱化の有効性を維持するためには、支援者は弱化の強度を徐々に上げる必要があるということです。たとえば、息子が妹を突くのをやめさせたい場合、最初は厳しい声で息子を思いとどまらせることができるかもしれません。しかし、時が経つにつれて、あなたは声を少し荒げることになるでしょう。まもなく、実際に怒鳴っている自分に気づくかもしれません。最終的には、不快なレベルの弱化に達するかもしれません。味の悪いものを子どもの口の中に入れることから尻を叩くことへと、別の形の弱化へと段階的に増大していくことを考えると、弱化の強度を上げる必要性が、ますます問題を大きくすることがわかるでしょう。

タイム・アウト

　問題提起行動への支援の2つ目は、かつて非常に人気があったし、今でも非常に人気のある《タイム・アウト》です（Ferster, 1958）。タイム・アウトの手順にはさまざまな変形がありますが、この支援法の最も基本的な要素は、問題提起行動が生じた場面から本人を取り出すことです。たとえば、教室で人を叩いた生徒は、一定時間教室から退去させられることがあります。タイム・アウトは、尻叩きなどの伝統的で身体的な弱化に基づくしつけに代わるものであり、現在の子育て文化にしっかり定着しています。あなたの地元の遊び場で親を呼び止めて、5歳児のタイム・アウトはどれくらいの時間にするべきかを尋ねてみてください。親たち

は、一瞬のためらいもなく、子どもの年齢に1分をかけると言うでしょう。どこの親や教師も、タイム・アウトの専門家になっています。

タイム・アウトは人気がありますが、すべての問題提起行動の解決策としてタイム・アウトに頼ることには問題があります。実際、タイム・アウトを使用すると、子どもはより頻繁に問題提起行動を起こすようになる場合があります。たとえば、1994年に、Iwataらは、一見無意味な行動の典型例、すなわち自傷行為をする発達障害の人150人以上への関わりについてまとめました。その研究によると、自傷行為の約40％は、何かから逃避する手段となっていました。学業から逃避するために先生を殴った前述の少年のように、これらの人たちは、ある状況から逃れようとして自傷していたのです。ご想像のとおり、もし自傷行為をした子どもをタイム・アウトさせたとしたら、子どもはその場の状況から逃れることを動機づけられ、自分を傷つけてその場の状況から逃れるという悪循環が見えてきます。

最近では、さまざまな問題提起行動のために外来診療所を受診した32人の子どもたちについて、ある研究グループ（Love et al., 2009）は、出された要求から逃避することが問題提起行動の2番目に多い動機であることを見い出しました。これらの子どもたちがタイム・アウト（逃避）に行かされた場合、これから問題提起行動は少なくなるのではなく、多くなると予想されます。

タイム・アウトに関連するもう1つの難題は、多くの場合、子どもをタイム・アウトの場所に行かせるためには多大な支援が必要となるということです。この支援には、タイム・アウトに行かせるために繰り返し指示すること、タイム・アウトの場所まで歩いていく間は手をつかんでおくこと、あるいはもっと身体的ガイダンスを用いることなどがあります。これらの方法はいずれも、

高水準の注目を伴います。子どもが注意を引くために問題提起行動を取っている場合も、タイム・アウトは実際には問題提起行動を強化する可能性があります。

問題提起行動の目的に関する現在の考え方

　1980年代に、行動心理学の分野では、問題提起行動をコミュニケーションの一形態として捉える方向にシフトしました。行動を変えるためには、「どんなメッセージをその行動はコミュニケートしているのか?」という問いに焦点を当てるべきであり、その行動はどのように見えるかという問いにではありません。一見最も無意味に見える行動でさえ、その行動を取る人にとっては意味があることを、今や私たちは知っています。

　問題提起行動は、他の形式のコミュニケーションと同じ仕方で学習されます。すなわち、何らかのニーズがある人は、自分のニーズを満たすための行動を見い出します。上述の例はこのことを示しています。すなわち、先生を殴ると学業課題が撤去されることを学習した少年は、殴ることで「私の課題を取り去ってください」とコミュニケートしたのです。両手を両脇に抑えられたり、校長先生から叱られたりするなど、他の結果事象は、彼がこのコミュニケーションを学習することを妨げるものではありません。その時の彼にとって重要なことは、学業から逃避することを動機づけられていることであり、叩いたり机上の教材を払い落としたりした結果、彼は逃避できたのです。

　Carrと Durand（1985）による研究のおかげで、問題提起行動についての明確な理解が進みました。彼らは、問題提起行動と本人の環境との間の予測可能な関係を実証しました。たとえば、ほとんど注意を向けてもらっていないときにのみ、問題提起行動を

取る人もいれば、とても困難な課題を与えられたときはいつでも、問題提起行動を取る人もいました。さまざまな人がさまざまな条件下で問題提起行動を取りました。2人の行動が同じでも、その行動を引き起こす条件は、それぞれ非常に異なるかもしれません。これらの関係を示すことによって、CarrとDurandが教えてくれたことは、行動がどのように見えるかということからは、その起源や対処の仕方はほとんど分からないということでした。

　CarrとDurandの研究成果を実際に例示しているのが、10代の少年2人、アンドリューとロバートの行動です。攻撃的行動という同じ理由で、それぞれの少年についてコンサルテーションが要請されました。アンドリューは、言語療法やカウンセリングなどの1対1の取り出し指導が終わるたびに、ドアをふさぎました。先生が部屋を出ようとすると、彼は先生を突きました。先生が出ようとし続けると、アンドリューはハサミで刺したり、電話器で殴ったりすると脅して、もっとエスカレートしました。この行動をさらにアセスメントして明らかになったことは、言語療法やカウンセリングによる支持的な治療中に享受した豊かな1対1の注意注目を維持するために、アンドリューはこのような問題提起行動を取ったのだということです。

　アンドリューのように、ロバートも人を突きました。兄弟姉妹は、彼の近くに座ったり、ごく近くを歩いたりすると、必ず叩かれたり、突かれたりしました。しかし、ロバートの行動をよく見ると、アンドリューの行動とは非常に異なることが明らかになりました。ロバートは人を立ち去らせるために突いたのです。人が長くそばにいるほど、突いたり叩いたりする力が強くなりました。ご想像のとおり、ロバートの兄弟姉妹はすぐに彼から離れることを学習しました。

　CarrとDurandの研究結果の特に刺激的な点は、望みのモノ

を適切に要求することを教えて強化すると、問題提起行動は弱ま
るという発見でした。たとえば、先生にもっと長くいてほしいと
頼むことをアンドリューに教えると、ドアをふさいだり、突いた
り、はさみで脅したりすることが少なくなりました。ロバートに
一人でいる時間を要求することを教えると、人を突かなくなりま
した。《機能的コミュニケーション・トレーニングFCT》と呼ば
れるこのアプローチの成功は、自閉スペクトラム障害の人が頻繁
に示す問題提起行動が、障害の必然的な副産物ではなく、学習さ
れた行動であり、学習原理のすべてを用いる治療に反応する可能
性があることを明確に示したのです。

　別の研究者たちは、問題提起行動が生じる舞台を設定する条件
だけでなく、問題提起行動の後に続くと思われる条件についても
実験しました（Iwata, Dorsey, Slifer, Bauman & Richman, 1982）。こ
の研究は、行動の前に起こることが何かに対する動機づけを創り
出すということと、問題提起行動を取ることが結果的に欲しいモ
ノを得ることにつながるということを実証しました。上の例で、
学業から逃避したいと思っていた少年の例を考えてみましょう。
教師が教材を持って少年の机に近づいたことで、別の場所に行く
ことの動機づけを創り出しました。先生を殴った結果として、彼
は校長室に送られ、そのことで学業を回避できました。その行動
の結果は、問題提起行動の進展にとって重要でした。

　Iwata ら（1982）は、このアイデアを実験的に証明しました。
これらのおそらく自然に生じている条件を模倣したシナリオに
人々を配置し、行動への影響を測定しました。たとえば、研究参
加者の少女がおもちゃで遊んでいる間は注意を向けないで、問題
提起行動（自傷行為）を行ったときに注意を向けるのです。自傷
行為が生じると、実験者はすぐに社会的不承認の形で少女に注意
を向けます（たとえば、「やめなさい。けがをするよ！」）。行動の結

果がこのように一貫して提示されたとき、問題提起行動の安定したパターンを、研究者は確実に作り出すことができました。この常識破りのやり方で、現実の世界で起こり学習されていることを再現しました。その結果、彼らの仮説が正しいことが証明されました。研究参加者は、結果事象に基づいてこれらの問題提起行動を学習したのです。

　Iwata らはまた、内的な合図と内的な結果事象によって学習される特殊な行動も確認しました。この種の行動は、本人にとって気分が良いか、生得的に楽しいために生起します。この種の行動を引き起こす条件とそれを維持する結果事象は、本人の内部で生じるため、アセスメントや制御がいっそう複雑になります。この種の行動の日常的な例には、かゆいところを掻いたり、鎮痛剤を服用したりするなどがあります。観察者は、かゆみや頭痛を見ることができず、かゆみや頭痛の解消という結果事象を実証することもできません。しかし、この種の行動は、外部から制御される行動の場合と同じ原理に基づいて学習されますし、それに対処するときに役立つ支援方法はたくさんあります。

　問題提起行動の前後に生じる事象のパターンを調べることによって、Iwata らは、問題提起行動が伝える多くのコミュニケーション・メッセージを確定することができました。言い換えれば、彼らは、問題提起行動が実行者のために果たしている目的を確定しました。行動が果たすこれらのさまざまな目的を、行動の《機能》と呼び、第2章で説明します。さまざまな問題提起行動の機能が探求され、現在の《機能的行動アセスメント》という分野が生まれました。

なぜ問題提起行動は ASD の人にとても多いのか？

　すべての人、子どもや大人、定型発達の人や障害のある人は、問題提起行動を取ることがありますが、自閉スペクトラム障害の人ではそれがもっと多いのです。この障害群に関連する特殊な能力障害の領域について考えると、この関係の理由が明らかになります。

コミュニケーション・スキルの問題

　まず、自閉スペクトラム障害の人は、しばしばコミュニケーションに機能障害があります。《はじめに》で説明したアンソニーについて考えてみましょう。アンソニーは無発語だったことを思い出してください。また、家族が、特別なビーズの箱で頭突きからアンソニーの気をそらしたことを思い出してください。アンソニーにとってのビーズの魅力を保つために、家族は、頭突きをしていない時はビーズを使えないようにしていました。したがって、アンソニーは次の一連の出来事に繰り返しさらされていたことになります。
　　1．ビーズがない。
　　2．頭突きをする。
　　3．ビーズが手に入る。

　アンソニーの頭突きが、ビーズを彼の環境にもたらします。アンソニーには、ビーズを要求するコミュニケーション・スキルが不足しているため、頭突きがビーズ要求をコミュニケートするた

めの最良の方法だということを学習したのでしょう。アンソニー
は、別の方法でビーズを要求することができたとしても、頭突き
をしない限り、ビーズの箱がある場所には立ち入れないのです。

　同様のシナリオですが、攻撃的な行動をとる無発語の生徒に同
僚が関わっていました。その攻撃的行動はとても危険で、その生
徒に関わっていた多くのスタッフが、鼻骨骨折などの深刻な問題
で医療処置が必要となりました。安全上の理由から、彼が攻撃的
になるたびに、柔らかいマットの上でクッション性のある拘束具
を使って拘束しました。機能的行動アセスメントによって、彼の
攻撃的な行動が、実際にはこの拘束へのアクセスを要求する方法
であることが明らかになりました。彼の攻撃性を低下させるため
に、拘束の要求に使える絵カードを与えました。このコミュニケー
ションを習得してからは、彼の攻撃的行動は事実上解消しました。

　このことは、会話や手話ができるASDの人は、問題提起行動
を起こさないということではありません。人によっては、コミュ
ニケートすることはできても、それは非常に難しくて、問題提起
行動の方が簡単ということもあるのです。たとえば、コミュニケー
ションの問題を抱えている子どもが、授業中に休憩したくなった
とき、次の2つの選択肢に直面します。1）手を挙げて、呼ばれ
るのを待って、休憩を要求する文を作り、先生がイエスかノーか
を言うのを待つ。または2）机の上の教材を激しく払い落とし、
すぐにタイム・アウトに送られる。2）の行動の方が、子どもに
とってははるかに効率的であるように思われます。

ソーシャル・スキルの問題

　自閉スペクトラム障害の人は、ソーシャル・スキルにメリ（弱さ）
があります。このことは、ASDの人は、他の人ほど簡単には人

とのやりとりができないことを意味します。同様に、ASD の人は、他者からの反応を解釈することが上手ではないかもしれません。したがって、ASD の人が相手から引き出す反応は何であれ、強化的なのかもしれません。他児を攻撃していた2年生のグレイスのことを考えてみましょう。人との有意義なやりとりをするスキルが、グレイスには不足しているため、同級生から友好的な反応を引き出すことができない場合、たとえグレイスの攻撃性に反応して同級生が怒鳴ったり叩いたりしても、その反応はグレイスにとっては望ましいことなのかもしれません。

　同様の行動パターンを呈していた自閉症の就学前児について、私（グラスバーグ）は教師に呼ばれて相談に乗りました。その子どもは、就学前分離クラスのクラスメートよりも少し体が大きく、人とのやりとりに他児よりも興味を持っていました。彼は、しばしばクラスメートに適切に関わろうとしましたが、反応が返ってきませんでした。そこで、クラスメートの「腹をどつく」ようになりました。残念ながら、この不適切な行動でクラスメートの注意を引くことは確実でした。しばしば泣いたり叫んだりする形で注意が向けられたのですが、「腹どつき屋」にとっては、まったく反応がないよりもその方がましでした。このような問題提起行動があったにもかかわらず、対人意識の高い子どもたちの就学前統合クラスに彼は移されました。ところが、この環境では、彼の適切なやりとり開始に他児が反応してくれたため、他に特別な支援をしなくても彼は「腹をどつく」ことをしなくなりました。

　問題提起行動はまた、対人接触を避けたり逃れたりしたいという願望から生じることもあります。クラスメートが近づくたびに、奇妙な顔をしたり、奇妙な姿勢をとったりしたジャマールを思い出してください。ジャマールの行動により、すぐに他の子どもたちは彼をかまわなくなりました。それはクラスメートに立ち去る

よう要求する、ジャマールなりの方法だったのでしょう。ジャマールの教育プログラムは、他児に近づき、やりとりを広げることに焦点を当てていたのでしょうが、対人的なやりとりを終了する方法や回避する方法を教えないということは、よくある指導上の見落としです。同様に、兄弟姉妹を叩いたり突いたりして近づかせないようにした上述の10代のロバートには、やりとりから適切に抜け出すためのソーシャル・スキルの指導がおそらく役に立つでしょう。

狭い興味関心

　最後に、行動レパートリーの狭さは、自閉スペクトラム障害によく見られます。つまり、ASD の子どもは、興味のある分野が少なく、モノや活動の全体よりも部分に注目する傾向があります。この現象は、懐中電灯ではなくレーザー光線で世界を見ているかのようだと言われます。《はじめに》で説明した One-D へのダラの関心は、この狭い焦点化の良い例です。思春期直前の他の子どもたちには、興味をそそる憧れのアイドルがたくさんいるかもしれませんが、ダラには One-D しかいません。さらに、思春期直前の他の子どもたちは、スポーツやダンス、パズル、本など、アイドル以外にも興味を持つことがよくあります。しかし、ダラの興味の範囲はそれほど広くはありません。

　ASD の子どもの興味関心の範囲が狭い場合、それは反復常同性に起因するさまざまな問題につながるはずです。本人はさまざまな行動をとるのではなく、同じことを何度も繰り返そうとします。ダラの場合、この過集中は対人関係の問題につながる可能性があります。彼女は、針が溝に引っかかって、曲の同じ箇所を演奏し続けるレコードのようです。他の人では、この狭い焦点化は、

手をひらひらさせたり、体を揺すったりする反復的な行動として現れることがあり、それは烙印となったり、危険なことになったりすることさえあるかもしれません。溝に引っかかった人は、同じ行動を何度も何度も繰り返すのです。

　最後に、一部の人は、危険な行動や他人の権利の侵害につながるほど、ひたすら自分の興味関心を追求することがあります。輸送に魅了された自閉スペクトラム障害の男性ダリウス・マッカラムは、この例として有名です。ダリウスは、ニューヨーク市で育ち、電車が大好きでした。彼は地下鉄や通勤電車に夢中で、電車については博識で、運転手になりすまし、すべての停車駅で正しく停車して、地下鉄の車両やバスを「乗っ取る」ことができるほどでした。本書執筆の時点で、彼はこれらの乗っ取りにより28回逮捕され、18年以上刑務所暮らしをしていました。さらに、実際の犯行は、逮捕された件数よりもはるかに多いと告白しています。

第2章　行動はいかに学習されるか

　《はじめに》では、4人の子ども（ジャマール、ダラ、グレイス、アンソニー）に登場してもらいました。4人には、それぞれとても異なる問題提起行動が見られました。4人のストーリーに共通するのは、その行動に意味があるようには思えないということです。あなたが本書をお読みになっているということは、おそらくあなたご自身も、理解困難な行動の1つや2つは見たことがあるからでしょう。

　これらの問題提起行動が、どのように学習されるかについて理解を深める唯一の方法は、まず一般的に、行動はいかに学習されるかを理解することです。次のセクションは、機能的行動アセスメントを実施するときに頼りになる指導書、そして学習理論の最も重要な点に関する指導書ということになります。機能的行動アセスメントは学習理論から発展したものなので、この背景基盤を知ることは絶対に必要です。

　注意してください。ここは本書の中では明らかに最も技術的なセクションです。でも大丈夫。以下に説明する概念の要点を理解すれば、行動がはるかに明確になります。それにより、今後、問

題提起行動に対処しやすくなり、さらに新しいスキルを教えやすくもなります。

学習理論の概要

　学習とは、ある行動が比較的恒久的にその人の行動レパートリーに追加されることです（Catania, 1998）。人は、足し算や引き算などのスキルや、歯磨きや手洗いなどの行動を学習できます。強く頭突きしたり、One-D というバンドについて際限なく説明したりするなど、問題提起行動を学習することもあります。学習を数学の方程式で表すなら、こうなるでしょう：

動機づけ＋先行事象＋行動＋結果事象＝学習

　言い換えれば、学習は４つの変数の合計です。これから４つの変数それぞれについて詳しく見ていきます。結果事象は、時間的には学習過程の最後に来ますが、結果事象に関連する用語と概念は、その前の３つの学習変数を理解する上で重要です。したがって、結果事象について最初に説明します。

1）結果事象（Consequence）

　結果事象は、行動の結果として生じる物事です。一般に、結果事象は以下のようになります。
　　1．強化（reinforcement）
　あるいは、
　　2．弱化（punishment）

強化

　強化には、行動を強める結果事象が必要です。「行動を強める」とは、その行動が今後起こる可能性を高める、またはその強度または持続時間を今後増大させることを意味します。強化の例としては、ある女性が「ドレスがよく似合う」と言われ、その後その女性はそのドレスを頻繁に着るようになるとか、自分の部屋を掃除して25セント硬貨をもらった子どもが、毎日掃除をするようになる。あるいは、蹴るとモビールが揺れることに気づいた幼児が、足で繰り返し蹴るようになるなどです。これらの例では、特定の行動がその結果事象によって強められています。

　強化手順には、2種類あります。正の強化と負の強化です。

　正の強化（positive reinforcement）　《正の強化》が働くとき、行動を強める結果事象は、その人の環境に何かを加えているということです。たとえば、頭突きの結果事象として、ビーズがアンソニーの環境に加えられました。親は、頭突きにうっかり正の強化を行いました。正の強化は、得ることを動機づけられているモノなら何であれ、それにアクセスさせてもらうことです。たとえば、注意、感覚刺激、活動や食べ物、お金、トークンなどです。

　正の強化子として機能するものの中には、当事者以外には魅力的とは思えないものもあります。例えば、第1章で紹介した「腹どつき屋」は、他児が泣き叫ぶ結果、腹をぶんなぐるという行動が強化されていました。涙と叫び声は、腹をぶんなぐる行動の正の強化子として機能していました。第1章で説明したもう一人の生徒は、攻撃的になるとクッション性のある拘束具で身体拘束されていましたが、この結果事象が攻撃的行動を強化していました。身体拘束は攻撃行動にとって正の強化として機能していました。

　ある結果事象が強化子かどうかを判断する唯一の方法は、行動

への影響を測定することです。それが行動を増やすなら、強化子です。覚えておきましょう。強化子の見た目はよくなくてもいいのです。行動を強化すればよいのです。

ここで簡単なクイズを出します。

1. 息子がオマルでおしっこをするたびに、キャンディを与えるのですが、だんだんオマルでおしっこをしなくなる場合、私はその行動を強化したことになるのでしょうか？ いいえ、違います。なぜなら、結果事象は行動を減少させているからです。

2. 息子がオマルでおしっこをするたびに、怒鳴り、オマルを掃除しなさいと大声で叱ると、息子はますますオマルに行くようになった場合、私はその行動を強化したことになるのでしょうか？ はい、そうです。なぜなら、この結果事象はオマルでおしっこをする確率を高めているからです。

3. 息子がオマルでおしっこをするたびに、表に星印を記入する場合、私は行動を強化したことになるのでしょうか？ わかりません。これは引っかけ問題です。あなたは答えられません。なぜなら、息子の行動にどう影響したかを、私はあなたに伝えていないからです。

負の強化（negative reinforcement） 問題提起行動に取り組む際に、理解しておくべき重要な2番目のタイプの強化手順は、《負の強化》です。この用語に関しては誤解がたくさんあります。多くの人が、負の強化は弱化のことだと思っています。他の人たちは、負の強化は、子どもの不作法な行為を叱るような「否定的な注意」のことだと考えています。実のところ、「負の」という語は、不快な結果を意味するのではありません。そうではなく、単に、本人の環境から何かを《取り除く》ことによって行動が強化

されることを意味しているのです。

　負の強化を受ける日常的な行動の例には、次のようなものがあります。目覚まし時計のスヌーズ・ボタンを押す（環境からアラームという嫌悪的な音を取り除く）、サングラスをかける（環境から嫌悪的なまぶしさを取り除く）、きつすぎる靴を脱ぐ（体内環境から痛みの感覚を取り除く）などです。学業から逃避するために先生を叩くことを学習した生徒は、負の強化手順の例です。先生を叩くと、学業課題は本人の環境から取り除かれるので、これからも同様の状況の下では、再び先生を叩く可能性が高くなります。

　別の簡単なクイズをやってみましょう。

1. 生徒がグループ活動に参加するたびに、宿題を1つ減らしたら、グループに参加する時間が徐々に長くなっていった場合、これはどのような手続きだったのでしょうか？　負の強化（結果事象=宿題は環境から取り除かれる：行動への影響=増加）。

2. ジョニーが教師に嫌みを言うたびに、クラスメートが笑う。そして彼が嫌みを言うことがますます多くなった。これはどのような手続きだったのでしょうか？　正の強化（結果事象=ジョニーの環境に加わったクラスメートからの注目：行動への影響=増加）。

3. ジョニーが教師に嫌みを言うたびに5分間の休憩を失うことにしたら、さらに多くの嫌みを言うようになった場合、これはどのような手続きだったのでしょうか？　負の強化（結果事象=休憩（ジョニーにとっては難しい対人的要求と構造化されていない時間を意味するのかもしれない）が彼の環境から取り除かれた：行動への影響=増加）。

4. テレサがグループホームで皿洗いをするたびに、映画のチケット代として25セントを獲得し、皿洗いのボランティア

をする回数が増えていった場合、これはどのような手続きだったのでしょうか？ 正の強化（結果事象＝テレサの環境に25セントずつ追加された；行動への影響＝増加）。

5. 私の接近を嫌がる生徒が悲鳴を上げるたびに、私は遠くに移動した場合、これはどのような手続きだったのでしょうか？ これもまた引っかけ問題です。行動への影響が言及されていません。

弱化（Punishment）

　行動に続く２つ目のタイプの結果事象は弱化です。具体的な結果事象は専門用語で《弱化子punisher》と言います。弱化子は、行動の強さ（将来の確率、強さ、または持続時間）を低下させる結果事象です。弱化子の一例は、あなたが注意深く選んだ服装が「似合っている」、と気のない言い方で配偶者があなたに言うような場合です。あなたが今後その服を着る確率は確実に低下するでしょう。学校での弱化子の例では、学校で破壊的な行動を取った結果事象として、宿題が追加される場合です。それによって、破壊的な行動の今後の確率が低下するなら、この結果事象は弱化子として働いています。

　強化と同様に、弱化手続きには正と負の手順があります。正の弱化手順では、行動を弱める何かが環境に追加されます（例えば、気のない言い方で「素晴らしいよ」や、宿題の追加）。環境に追加されて行動の減少につながるモノは、時に《嫌悪的な》モノと言われます。対照的に、負の弱化手続きでは、何かが環境から取り除かれ、それが行動の減少につながります。例えば、10代の娘が門限を過ぎて帰宅した場合、一定期間、車の使用権を停止することができます。この場合、しばらくの間この価値のある特権を失うことは、特権を回復した後に彼女が遅く帰宅する確率が下がることを期待

しています。同様に、学校で先生に無礼な発言をすると、子ども
は10分間テレビを見ることができなくなります。これは、将来
的に教師に対して無礼な発言をする確率を下げることを目的とし
ています。

　一般に、正の強化子として効果的なアイテムは、それがなくな
ることが行動変化につながる可能性があるので、負の弱化手順で
除去するものの候補になります（例えば、強化子のためのトークン、
特権など）。

　強化と同様に、《弱化》という用語は、行動への影響によって
定義されます。したがって、学生にM&Mチョコを与えることが
行動を減少させるのであれば、それは実際には弱化子になり、そ
して彼を怒鳴りつけることが彼の行動を増大させるなら、実際に
は強化子になり得るのです。どの手順になるかを決定するのは、
行動への影響だけです。

簡単にまとめると

1．強化子は行動を強める（増大させる）。
2．弱化子は行動を弱める（減少させる）。
3．《正の》とは、環境に何かが加わることを意味する。
4．《負の》とは、環境から何かが取り除かれることを意味する。

結果事象に基づく手順

	強化	弱化
正の	何かを加えることで行動を強める	何かを加えることで行動を弱める
負の	何かを取り去ることで行動を強める	何かを取り去ることで行動を弱める

2）動機づけ（Motivation）

　動機づけとは、日常の言葉では、人が何を欲しがっているか、そのためにどれだけ努力しているかを意味します。例えば、長期休暇のために、仕事を早く切り上げることを動機づけられているとか、学校で良い成績を収めることを動機づけられているといったことです。

　行動の研究では、《動機づけ》という言葉の意味はこれに非常に近いのですが、ひとつ大きな違いがあります。行動分析学では、外的で測定可能な要因という観点から動機づけを考えます。動機づけを日常会話で使うように内的なものと考えると、観察したり制御したりすることができません。例えば、誰かが長い週末のために早く仕事を終えたがっている場合、彼がどれだけそれを望んでいるかを測定することはできません。誰かが学校で良い成績を取ることを動機づけられていると言う場合、私たちはこの欲求を直接増大させたり減少させたりすることはできません。動機づけは行動を促進するので、それを測定または制御できないなら、行動を変えることはできません。以下のセクションでは、動機づけを定量化し変更するために行動分析家が開発した方法について説明します。

動機づけ操作（Motivating Operation: MO）

　Laraway および Michael ら（2003）の研究に導かれて、行動分析家は、動機づけについて考えるために定量化可能な方法を開発しました。それを動機づけ操作あるいは MO と言います。これは、あるモノや事象に対する動機づけを《確立》する（確立操作establishing operation または EO）、あるいはあるモノや事象に対する動機づけを弱める（無効操作abolishing operation または AO）と

いう、人の環境に対する《操作》と考えることができます。動機づけ操作（MO）を扱うには、人がアクセスしたモノを観察または操作して、いかなる時でも何がその人を動機づけているのかを判断します。例えば、私たちは人を見て、その人がどれほど空腹であるかを知ることはできませんが、その人が最後に食事をしてからの時間数を確認し、食べ物を得ることに動機づけられているかについて結論を引き出すことができます。同様に、ある人が休暇を取るために早く仕事を終えたいと思う気持ちの量を測定することはできませんが、最後の休暇からの月数を測定することはできます。

　動機づけ操作（MO）について考えると、動機づけは時々刻々と変化していることがわかります。こんなシナリオを考えてみましょう。一日中何も食べていない10代の若者にとって、ピザは家事をこなすための効果的な正の強化子であることは間違いありません。日常的な言葉でいえば、この若者は食べることを動機づけられているということです。行動分析家としては、食べ物に対する確立操作（EO）が有効であると言えます。しかし、ピザを一口食べるごとに、この若者は食べ物の遮断が回復していき、したがって、もっと食べたいという動機づけが下がります。例えば、この若者がピザを1枚食べきったとします。今、家事をこなすことの結果事象としてピザを提供しても、その行動を強化することはなく、むしろ家事を完了することの弱化子として作用するかもしれません。ピザを食べることが無効操作（AO）となり、ピザをもっと食べたいとは次第に思わなくなります。あなたが関わる子どもにとって、ある日、最強だった動機づけが、翌日には全く効果がなくなるという、いらだたしい現実を理解する上で動機づけ操作（MO）は役に立ちます。

　読者の中には、この効果を見た経験がある人もいるでしょう。

例えば、問題提起行動を取る自閉症の子どもによく使う支援方法に、DRO（他行動分化強化）という技法があります。この技法では、特定の問題提起行動が起きていないインターバル時間が経過するごとに、本人に強化子を提供します。時には、1分という短いインターバルにすることもあります。多くの場合、親や教師は、子どもの好きなおやつを強化子に使います。

　他行動分化強化（DRO）は、最初は非常に効果的であっても、やがて効果がなくなることが少なくありません。これには、支援をしている親や教師も困惑してしまいます。このような場合の動機づけ操作（MO）の影響を考えてみると、その理由が明らかになります。例えば、自分の手を噛んでしまう人が、1分間のDROスケジュールでM&Mチョコを獲得しているとします。つまり、手を噛まずに1分経過するごとに、M&Mチョコを1個もらえるということです。1時間後、彼は60個のM&Mチョコを食べていました。2時間後、彼は120個のM&Mチョコを食べていました。4時間後、彼は240個のM&Mチョコを食べていました。誰でもM&Mは好きでしょうが、彼がM&Mの袋を床に投げ捨てるまでにさほど時間はかからないでしょう。あのピザのように、最初は強化していたM&Mチョコも、弱化子になることがあるのです。

　動機づけ操作（MO）は常に流動的です。動機づけ操作（MO）は、遮断（少なすぎる）から飽和（多すぎる）までの連続体上にあると考えることができます（次ページ参照）。何も手に入らないまま時間が経過すると、動機づけ操作（MO）は連続体の左に移動し、遮断（deprivation）に向かいます。何か楽しむことが多くなると、動機づけ操作（MO）は連続体の右に移動し、飽和（satiation）に向かいます。動機づけ操作（MO）は、食べ物、飲み物、温度などの基本的なニーズから、お気に入りのおもちゃやゲームなどの

モノや活動まで、環境内のあらゆるものに当てはまります。また、音楽や触覚などのさまざまな刺激や、優しく話す、激しく反応する、身体的に接触するなどの人との多種多様なやりとりも、すべて動機づけ操作（MO）が当てはまります。

　同様に、動機づけ操作（MO）は、大きな音、痛み、不快な味や匂いなどの嫌悪刺激にも当てはまります。この場合、人は遮断に向かうことを動機づけられます。

<h2 style="text-align:center">MO連続体</h2>

遮断 ←————————————————→ 飽和

　MO に影響を与える条件には、飽和と遮断のほかにもあります。この前バーに行ったときのことを思い出してください。そこでは、プレッツェルやわさびナッツ、スナックミックスなど、塩味や辛味の効いたスナックが無料で提供されていたでしょう。それを食べていると、どんどん喉が渇いてきて、もっとお酒を注文するようになります。同じように、レストランでも、においや試食品を使って、それがなければ注文しなかったと思う料理を注文するように動機づけを図ることがあります。ショッピング・モールで買い物をする人の中でも、厳しくしつけられた人だけが、通りすがりににおいを嗅いでもプレッツェルやシナモンパンを買わずにいられますし、遊歩道を歩く人の中でも、自制心がきわめて強い人だけが、店外で配られている無料サンプルを試してファッジ・ショップに入るということを避けるのです。

　確立操作（EO）とは、モノや活動が強化子として作用しやすくなるタイプの動機づけ操作（MO）で、行動に２つの効果をもたらします。１つ目は、行動を強める力を特定の結果事象に与え

ることです〔強化子確立効果〕。つまり、確立操作（EO）は強化子を確立するのです。例えば、アンソニーの両親が、彼のお気に入りのビーズへのアクセスを遮断した場合、ビーズは、それで遊ぶことにつながる行動（窓に頭突きをするなど）の強力な強化子になります。確立操作（EO）の2つ目の効果は、過去に強化に導いた行動を呼び起こすということです〔喚起効果〕。つまり、一定期間、お気に入りのビーズを遮断すると、アンソニーが窓に頭を打ち付けるきっかけになるのです。

　確立操作（EO）は必ずしも目に見える結果に対するものではないことも覚えておいてください。例えば、音楽や人からの賞賛を遮断すると、そういった結果事象をより強化的にすることにもなります（Vollmer & Iwata, 1991）。「退屈」すると子どもは問題提起行動を起こしやすいことに気づくことがあります。退屈とは、専門的には、刺激や好きな活動の遮断と考えることができます。

　ある行動を引き起こす遮断の量は、人によって異なります。これは個人の閾値と考えることができます。その閾値に達したときに、標的行動が起こります。この閾値は常に変化しており、十分な睡眠が取れなかったり、朝から配偶者と喧嘩をしたり、少し体調が悪かったりと、時間的に離れた事象からも影響を受けます。例えば、高速道路で割り込みされたときに、車の中で大声で怒鳴って対応すること（自動強化）は、通常はやる気にならないかもしれませんが、朝遅くに起きて急いで身支度をしたらベビーシッターの到着が遅れていて、コーヒーを買うために立ち寄ったら行列が長すぎて、そしてその後に高速道路で割り込みされたとしたら、大声で怒鳴る行動を取ることの動機づけの閾値は低くなり、悪態をつき始めるのに必要な外部入力は少なくてもすみます。

簡単にまとめると

MO は動機づけについて考えるための方法です。欲しいモノが遮断されればされるほど、それがますます欲しくなります。人はそれを得るために、過去にうまくいった行動を試みるでしょう。そしてそれを得ることは、うまくいった行動を再び強化するでしょう。

3）先行事象（Antecedent）

　学習方程式の次の変数は、直前の先行事象です。大まかに言って、先行事象は、行動が生起する直前に環境内で変化したことすべてです。たとえば、《はじめに》に、ジャマールの事例がありました。他児が彼とやりとりしようとするたびに、変な顔をし、変な姿勢をとったジャマールです。この例では、相手が言ったり行ったりすることは、その変な行動の直前の先行事象です。

　機能的行動アセスメントで重要な先行事象には、さまざまなタイプがあります。第1のタイプの先行事象は、ある行動を取ると強化されるということを示す合図 cue として働きます。例えば、ミスター・ドーナツのドアの「オープン」のサインは、注文してお金を払えばコーヒーが飲めるという合図の役割を果たします。コーヒー遮断の人（確立操作（EO）が発動している）にとって、ドアのオープン・サインは、コーヒー購買行動が強化されることを示す合図となります。同様に、人からの賞賛が遮断されている（賞賛への確立操作（EO）が発動している）子どもにとって、過去に誉めてくれた人が現れることは、以前に誉められた行動を取ると強化されるという合図になります。ミスター・ドーナツのドアの「オープン」のサインのように、この人が登場することが、「オープン」の大きなサインの役割を果たします。このように、強化を

受けるために行動することを促す先行事象のことを、専門用語で《弁別刺激》あるいは《S^D》と言います。

　問題提起行動を理解する上で重要なもう1つのタイプの先行事象は、過去の特定の行動に対する弱化と関連するものです。例えば、タバコを吸っているティーンエイジャーにとっては、お父さんが部屋に入ってくることが、この種の先行事象になるかもしれません。父親の前でタバコを吸うと弱化されることを学習した場合、父親の姿は、彼がタバコを隠すための合図になるかもしれません（たとえ友人の前では喫煙行動によって望ましい結果が得られようとも）。この特別なタイプの先行事象は、《弱化刺激》あるいは《S^P》と言います。個々人の世界におけるS^DとS^Pの存在は、ある時にある行動を取るかどうかを決定するのに役立ちます。

　最後に、新規のまたは中立的な先行事象です。これは、過去に起こったことのない事象や、過去に重要な結果と対にされたことのない事象です。この先行事象の中には、他の類似した事象と関連付けることで行動を誘発するものがあります。例えば、見たことのない虫が腕にとまった場合、蚊や蜂が腕にとまったこと（過去に嫌悪的な結果事象と対にされたことがある出来事）との関連付けから、その虫を叩きつぶすかもしれません。他にも、見慣れない事象が、その事象に効果的に対応しようとするために、新しい反応を引き起こすことがあります。例えば、子どもに新しい水遊びの玩具を買った場合、水を入れようとさまざまな行動レパートリーをあなたは試した挙句、強化（動機づけられていたので注水に成功すること）につながる行動に行き着くかもしれません。今後、その玩具は、うまくいった注水行動のS^Dとなるでしょう。つまり、学習は常に継続的に行われるものであり、このような新規または中立的な先行事象は、この学習プロセスにおいて不可欠なものなのです。

> ## 簡単にまとめると
> 先行事象とは、行動の直前に生起する出来事のことです。それには、
> 3つのタイプがあります。
> 1. ある行動が強化されることの合図となる先行事象（S^D）。
> 2. ある行動が弱化されることの合図となる先行事象（S^P）。
> 3. 継続的な学習をもたらす新規または中立的な先行事象。

4）行動（Behavior）

　学習に不可欠な最後の変数は行動です。行動とは、人がしていることです。例えば、タバコを吸ったり、変な顔や姿勢をしたり、頭を叩いたりすることです。これらは減少させたい問題提起行動です。しかし、友だちと話す、話し相手を見る、宿題をする、手を洗う、散歩するなど、適応的な行動や有用な行動も無数にあります。これらは増加させたい行動です。

　観察できない行動もあります。例えば、自分自身に向かって黙って発言するような行動です（例：「あー、あの女性の名前が思い出せない。ジョーンだったかな？ ジル？ やばい、彼女がこっちに来る！」といったように）。しかし、本書では人目に触れる観察可能な行動だけに焦点を合わせます。人目に触れない観察不能な事象については、B.F.Skinner の著書*Science and Human Behavior*（1953年）や、彼の論文*The Operational Analysis of Psychological Terms*（1984年）を参照してください。

　学習に基づいて問題提起行動への支援を計画する際には、問題提起行動だけではなく、あらゆるタイプの行動を検討することになります。弟を叩くことが《行動》であるように、弟にカップケーキを渡すことも《行動》です。機能的アセスメントを実施して、減少させようとする各行動について、望ましい別の行動を少なく

とも1つは特定します。機能的アセスメントを実施するためには、その人のメリ（弱み）だけでなくハリ（強み）に関する情報が必要です。次のセクションで説明しますが、問題提起行動に対する支援では、行動についてきわめて正確に考えなければなりません。機能的アセスメントの一環として、特定の行動を注意深く定義し、測定可能で信頼性の高い用語を用いて標的行動を確定します。

簡単にまとめると
行動とは、人がすることです。

4つの学習変数を総合する

学習が行われるためには、4つの変数がすべて揃う必要があります。例えば、ジュースを要求することを学習しているジェシカという子どもがいるとします。もし、ジュースの確立操作（EO）がなければ（例えば、大きなグラスでジュースを2杯飲んだ直後だとしたら）、ジュースを要求する気にはならず、ジュースは強化子にはなりません。同様に、ママはジュースが飲めることの合図（弁別刺激S^D）であることをジェシカは学習しているなら、ママが部屋にいない場合には、ジュースを要求しません。ジェシカにジュースの確立操作（EO）があり、ママが部屋に入ってきても、ジェシカはおもちゃに夢中になっていました。ジュースを要求したくなってママを探したときには、ママはすでにいなかった場合、ジュースを要求する行動は強化されません。最後に、もしジェシカにジュースの確立操作（EO）があり、ママを見てジュースを要求しますが、今はジュースを飲めないとママが言えば、今後ジュー

スを要求する可能性は低くなるでしょう。

　4つの変数すべてを考慮すると、次の方程式を作成できます。

$$動機づけ + 先行事象 + 行動 + 結果事象 = 学習$$

$$EO + S^D + 行動 + 強化 = 学習$$

$$一定期間ジュースの遮断 + ママの存在 + ジュースの要求 +$$
$$ジュースの提供 =$$
$$今後ジュースを要求する可能性の増大$$

　上述のことは、要求しなければジュースは手に入らないことを前提に、学習が行われました。今後、同じような条件（確立操作（EO）が有効で弁別刺激（S^D）が存在する）であれば、その行動が再び生起する可能性は高くなります。

学習理論と問題提起行動：行動の機能 (function)

　学習理論とは、人がどのようにして特定の行動を取るようになるのかを説明する理論です。コーヒーを買う、歯を磨くなどの有用な行動を学習するのと同様に、攻撃行動や常同行動などの問題提起行動も学習します。機能的アセスメントを行うとき、私たちは実際に行動がどのようにして学習されたかを分析しようとしています。そうすることで、その行動を《脱学習（unlearn）》し、代わりに自分のニーズを満たすための新しい方法を学習（learn）しやすくする方法を発見することができるのです。先ほど、行動

の《機能（function）》とは、その人にとっての行動の目的であると説明しました。学習理論の文脈では、《機能》の意味についてもっと具体的に説明することができます。

行動の機能の理解には、第1に確立操作（EO）と強化子との関係が関わってきます。人は何かが遮断されていると（確立操作（EO）の創出）、それ（強化子）を得ることを動機づけられます。この動機づけと強化子の組み合わせを分析することで、行動の機能を決定することができます。前述の、アンソニーが頭突きをしてビーズを手に入れる例では、ビーズを手に入れることが行動の機能です。グレイスが他児に暴力をふるう例では、行動の機能は他児からの注目を得ることです。

行動の機能は《報酬》、つまり行動の理由です。行動の機能は、例えば「ビーズが欲しい」や「あなたの注意が欲しい」などと伝えるメッセージです。驚くべきことに、問題提起行動が伝えるメッセージの数は非常に限られています。行動分析の専門家によって、これらの可能な機能の特徴の分け方は少しずつ異なりますが、それらは互いに等価です（例えば、Iwata, et al., 1982; Durand & Crimmins, 1988）。本書では、考えられる行動の機能を4つのグループに分類します。

1．注意注目の獲得
2．モノや活動の獲得
3．逃避/回避
4．自動強化

それぞれの機能について、以下に詳しく説明します。

1）注意注目

行動の最初の機能として考えられるのは、注意注目を獲得する

ことです。注意にはさまざまな質のものがあります。触れたり、ハグしたり、手を握ったりといった身体的な注意もあります。大声で激しく反応したり、静かで穏やかに反応したりなど、声による注意の獲得もあります。さらには、特定の顔の表情や、ほぼアニメーションのような反応など、視覚的な注意もあります。行動の機能は、注意を他者と分け合わねばならないことを阻止することであったり、グループから注意を得ることであったりする場合もあります。あるいは、特定の人の注意を引くという場合もあります。

　機能的行動アセスメントを行う際には、獲得することを動機づけられている注意について具体的に検討することが重要です。そうしないと、アセスメントの結果が誤ったものになってしまいます。例えば、母親が自宅兼オフィスで仕事をしている間、ベビーシッターに世話をしてもらっている子どものことを考えてみましょう。ベビーシッターからたっぷり注目されていても、問題提起行動が生じることがあります。見ている人は、「こんなに注目されているのに、どうして注意獲得の動機づけがあるのだろう」と疑問に思うかもしれません。しかし、子どもとしては、母親からの注目の遮断が閾値に達し、ある行動を取れば母親は仕事を中断してかまってくれるということを学習しているのなら、子どもの行動の機能は、母親の注意を獲得することでしょう。同様に、問題提起行動の機能は、強力な注意を獲得することという場合もあります。大人からの注意が、あまり活気のない、おざなりのものである場合、何らかの問題提起行動が、非常に強力な注意をもたらすことがあります。

　問題提起行動は、時には、悪意のある、誰かを怒らせることを目的とする行動のように見えることがあります。例えば、ささいな行動がそのように見られるという話を聞いたことがあります。

一日中机を叩いてイライラさせる音を出す生徒がいて、その音に教師が小言を言うような場合です。また、もっとややこしい行動としては、兄が一緒に遊ぶのを拒否し、弟が兄の美術課題を破壊したという場合などもそうです。美術課題が破壊された瞬間に兄がいなくても、後で一定の質の注意を浴びることは必至です。同様に、大人はある行動を"権力闘争"と認識するかもしれません。そのような行動は、ある種強力な注意によって維持されていることがあるのです。

　上記の例からもわかるように、ほとんどの人にとって望ましいとは思えない注目を得ることを、子どもたちは動機づけられることがあるのです。怒鳴られたり、兄弟姉妹に泣かれたりすることは、多くの人にとって魅力的ではないかもしれませんが、一部の子どもたち、特に対人関係障害のある子どもたちにとっては、このような結果事象はかなり魅力的なのかもしれません。この種の結果事象は、比較的予測可能で、強烈で、引き起こすための努力（反応努力）をほとんど必要としないことを考えると、その魅力は明らかです。さらに、子どもによっては、望ましい対人反応と望ましくない対人反応を区別するソーシャル・スキルを持っていないことがあります。そのため、そのような子どもにとっては、大いに笑われることと激しく怒鳴られることには、さほど違いはないのかもしれません。

　注意によって維持される行動がコミュニケートしそうなメッセージで、よくあるもの10を以下に示します。

　1．大人に注目されたい。

　2．特定の大人に注目されたい。

　3．他児に注目されたい。

　4．特定の子どもに注目されたい。

　5．身体的な接触をしたい。

6．特定の形の身体的接触をしたい。

7．激しい感情表現がほしい。

8．特定の感情表現がほしい。

9．あなたを独り占めしたい。

10．特定のやりとりがしたい（例：「落ち着く」ために廊下を歩く、OTから体の奥まで効くマッサージをしてもらう、など）。

2）モノや活動の獲得

　子どもの中には、好きなモノや活動を手に入れるために、問題提起行動を取る子どもがいます。最初は戸惑うかもしれません。このような機能を持つ行動を子どもが学習するためには、問題提起行動を取った後に、好きなモノを報酬として与えられなければなりません。しかし、誰がそんなことをするのかと疑問に思われるかもしれません。子どもが悪さをして、お気に入りのおもちゃが手に入るなんてことがあるでしょうか？　これは、ありえないシナリオのように聞こえるかもしれませんが、実際にはよくあることです。例えば、スーパーのレジでかんしゃくを起こしたら、騒ぐのをやめさせるために、お父さんやお母さんがキャンディ・バーを買ってくれることを学習した定型発達の子どものことを考えてみてください。

　自閉症の子どもの場合、親や教師は、モノや活動へのアクセスを利用することを、行動管理のための支援方法の一つとすることがよくあります。アンソニーとビーズについて考えてみましょう。問題提起行動を止めるために、親や教師が気をそらさせたり再指示したりすることは、決して珍しいことではありません。もう1つよく使われる方法は、子どもが問題提起行動を取ったときにだけ、ストレス・ボールやシリーパティ、クーシュ・ボールなどの心を

落ち着かせる小道具を提供することです。これは、アンソニーに見られたのと同じようなパターンになるかもしれません。すなわち、「シリーパティがない―問題提起行動を取る―シリーパティが手に入る」。問題提起行動をとった後に、さまざまな作業療法のテクニック（例：ブラッシング、ディーププレッシャー、スウィンギング）を使うことも、このパターンを引き起こす可能性があります。

3）逃避/回避

　上述したように、学校環境で見られる問題提起行動の最も一般的な機能は逃避です。確かに、学校は学業に関する要求がいっぱいで、生徒はそれからの逃避や回避を動機づけられることがあります。しかし、対人的な要求から逃避したり回避したりするために、問題提起行動を使うこともあります。一部の子どもたち，特に自閉スペクトラム障害の子どもたちにとって，対人的な要求は学業に関する要求よりもさらに困難なものと考えられる場合があります。

　行動学の研究者である Frea と Hughes（1997）は、アイコンタクトの欠如や感情的反応の過剰さなど、発達障害の青年に見られる不適切な対人的行動の機能アセスメントを行いました。その結果、これまでスキル不足と考えられていたこれらの行動の１つの機能として、人とのやり取りからの逃避があることがわかりました。《はじめに》で紹介したジャマールの奇妙な姿勢や顔の表情は、この機能の例証と言えるでしょう。彼は、大人とは適切にやりとりするスキルを見せていたこと、他児に近づかれたときにのみこれらの奇妙な行動を取ったこと、そしてその行動の結果、他児はジャマールを一人にしてくれたことを思い出してください。

　最後に、ある種の刺激から逃避したり回避したりするために、

特定の行動を取ることがあります。自閉スペクトラム障害の子どもの多くが経験する尋常ならざる感覚過敏について考えてみましょう。親や先生にとっては何でもない光や音、感触が、子どもにとっては非常に苦痛になることがあります。私（BG）が担当したある就学前児は、帰りのバスに乗るたびにひどいかんしゃくを起こしました。結局、いささか的はずれの推量をした挙句、チームは彼女にバスの何が気に入らないのかを尋ねることにしました。彼女は「シートのチェック柄が耳に痛い」と答えました。ある模様を見ると耳が痛くなるとは、メンバーの誰も予想できはしませんでした。そこで、シートの模様が異なるバスに変更したところ、かんしゃくが治まったのです。

　逃避により維持されている問題提起行動がコミュニケートしそうなメッセージで、よくあるもの10を以下に示します。

1．この課題はしたくない。なぜなら、難しすぎるから、簡単すぎるから、興味がわかないから、機能的ではないから。
2．あなたとは話したくない。あるいは、あなたには話しかけてほしくない。
3．触って欲しくない。
4．これはやりたくない。
5．この構造化されていない時間にどう対処したらいいのかわからない。あるいは対処したくない。これは私にとっては非常に難しい要求だ。
6．この視覚的な入力があるところにはいたくない。
7．この音がするところにはいたくない。
8．この匂いがするところにはいたくない。
9．この手触りのモノには触れたくない。
10．この食べ物は食べたくない。

4）自動強化

　身体内部の先行事象と結果事象に反応して生じる行動もあります。これらの行動は、よくある外的動機づけの必要性ではなく、ある種の内的刺激の必要性を満たすものです。そのような行動の先行事象と結果事象は観察できないため、行動の前後に環境変化が見られない場合に、この機能（自動強化）が示唆されます。

　どんな行動にも何らかの機能があり、見ただけではその機能がわからない行動もあります。自動的に強化される可能性のある行動の例としては、独り言を言う（声の響きが強化している）、指を見る（視覚的な刺激が強化している）、体を揺らす（運動感覚的なフィードバックが強化している）などが挙げられます。

　この種の行動の顕著な特徴は、一人でいるとき、あるいは刺激のとても少ない環境にいるときに生じる可能性があることですが、必ずしもそうとは限りません。それは、その人の皮膚の外側で起こっているあらゆることよりも、自己刺激行動の方が強化的なら、いつでもどこでも生じうるのです。自動強化される行動は、その人が何らかの痛みを経験しているときにもよく見られます(例えば、歯が痛いときに物を噛む、または耳が痛いときに側頭部を叩く、または耳を引っ張る)。このため、痛みや不快感を伝えるスキルがないと思われる人に、身体に関わる自動強化的行動が突然生じた場合は、その分野の医療専門家にすぐに診てもらうとよいでしょう。

　自動強化行動は、脳に起因する障害に伴う行動と紛らわしかったり、それに重なったりすることがあります。例えば、強迫性障害（OCD）に伴うような強迫的行動は、内的な合図に反応して起こり、それに続いてある種の内的な刺激によって強化されます。これもまた、自動強化と考えられます。同様に、学習された自動強化行動、または学習された他の機能を持つ行動とチックとを区

別するのは難しい場合があります。別の行動診断と区別するのが
難しい行動に遭遇し、それが自動強化機能を果たすことが判明し
た場合は、その行動と似ている障害について専門知識を持ってい
る専門家に相談することをお勧めします。他の障害に対する従来
の医学治療または行動療法が、自閉スペクトラム障害の人にも有
効かもしれません。

　常同行動（反復的で無目的な行動）は、常に自動強化されると想
定されることが多いのですが、これは正確な想定ではありません。
常同症は、どんな機能も果たすことができます。私（BG）が関わっ
ていた、自閉症で盲であった1人の学童が、常同症の機能を特定
することがいかに難しいかのよい例です。サマンサは、冬の間、
地面が凍っていると、毎日スクールバスを降りたとたん、飛び跳
ねて、両手を打ち鳴らしました。これには、母親はぞっとしました。
娘が氷の上でケガをするのではないかと心配だったのです。私は
できるだけ先入観を持たないようにして、機能アセスメントを開
始しましたが、ジャンプと拍手は自動強化されているという自分
の仮説と闘わなければなりませんでした。サマンサの父親が、母
親ではなく自分がバスからサマンサを降ろすときには、その行動
は起こらないと言ったとき、私の仮説とは違う何か別のことが起
きているということの最初の手がかりを手にしました。

　さらにアセスメントを進めると、母親はサマンサの行動に反応
して、サマンサの体を腕でかかえるようにし、家の中に連れて入
るのですが、それを父親はしなかったということが分かりました。
サマンサは、この手助けなしで家の中に入るには白杖を使わなけ
ればならず、しかもこのことはサマンサにとって新しくて困難な
スキルなので、母親の手助けがあると、家の中へ入ることがサマ
ンサにとってはとても容易になるのでした。母親からこの手助け
を得るために、飛び跳ねて拍手するのだという仮説を検証するた

めに、母親には、バスまで行ってサマンサに会うのではなく、窓から見ていてもらうことにしました。サマンサの飛び跳ねと拍手は、すぐに止みました。この行動を強化する合図となる S^D（すなわち、バス停で待っている母親）はもはや存在していません。母親がこのルーチンに恒久的に切り替えたため、サマンサの問題提起行動は消えました。

5）複数の機能を果たす行動

行動によっては、一度に複数の機能を果たすことがあります。例えば、ある生徒が授業中に嫌味を言うと、校長室に行かされ（課題から逃れられる）、皆の笑いを取る（クラスメートの注意を引く）ということがあります。この例では、1つの行動が同時に2つの機能を果たしています。同じ生徒は、学業が求められていないときは、クラスメートの注意を引くために、または先生と2人っきりのときは、学業から逃避するために、嫌味を言うかもしれません。この場合、行動はまず1つの機能を果たし、次いで別の機能を果たします。

さらに、ある行動が3つの機能を果たすこともあれば、4つの機能すべてを果たすこともあります。例えば、弄便をする青年を想像してみてください。この行動は、自動強化の機能から始まるかもしれません。おそらく彼は、ズボンの中の排泄物が不快で、手でそれを取り除こうとしたのでしょう。そして、近くの物で手を拭く。しかし、そうすると、職場であるコンビニの店員がすぐに自分から離れてしまうことに気がつきます。慣れない大人たちとのやりとりから逃れるためには、便を塗りたくることが有効な手段であることを学習してしまったのです。さらに、コンビニの店員は、この行動を当然ジョブコーチに報告します。好きなたわ

しで便をこすることで、大好きなジョブコーチと長時間やりとり
できるかもしれません。この行動は、注目を集め、好みのモノを
手に入れることで、さらに強化されました。このような強力な行
動は、別の環境にも般化するかもしれません。もしこの行動が続
くようであれば、彼は現在の職場を解雇される可能性が高いでしょ
う。

　本人が複数の機能をコミュニケートするために問題提起行動を
とっている場合、これは親や教師にとって、コミュニケーション
に何らかの問題があることを示す手がかりとなります。本人が基
本的なニーズをコミュニケートするためのより効率的な手段を発
達させる必要があるか、何らかの理由で適切なコミュニケーショ
ンが十分に強化されていないかのどちらかです。

　また、同じ機能を果たすために、複数の行動が使われることが
あるということにも注意が必要です。子どもは、あるニーズを満
たすための、幅広い行動レパートリーを持っているかもしれませ
ん。例えば、ある生徒は学業から逃れるために、時には嫌味を言
い、時には課題用紙を破り、時には学校の器物を破壊するかもし
れません。この場合、生徒は同じメッセージをコミュニケートす
る手段をたくさん持っています。次のセクションでは、どのタイ
ミングでどの行動を取るかを、人はどのように決定するかを見て
いきます。

●選択とコントロールについての特記事項

　私が担当したクライアントたちは、コントロールの価値に
ついて考えることがよくあります。子どもたちは、自分の
力を誇示するために、あるいは自分の選択権を主張するため
に、問題提起行動を取ろうとすることがあるでしょうか。私
は、上記の4つの機能に基づく支援は、この《5つ目の機能》

を加えなくても成功することを発見しました。とはいえ、他の考え方が通用しない行動を誰もが見たことがあるでしょう。

　問題提起行動を起こさないための行動《予防》上の配慮として、お子さんが一日のうちに自分の行動を決める機会をたくさん作ってあげてください。驚くほど多くの選択の機会を与えることができるのです。例えば、服を着るか着ないかは選べなくても、歯を磨くのと服を着るのとではどちらを先にするか、どの靴を履くか、どこで履くかなどは選べます。

子どもは取るべき行動をどのようにして選ぶのか？

　前述のように、子どもには、同じ機能を果たす多くの不適切な行動があるかもしれません。さらに、不適切な行動と同じ機能を果たす適切な行動もたくさんあるかもしれません。例えば、母親が電話をしていて、子どもは母親の注意を引きたいと思っているとします。その際、「ねえ、ちょっと」と言ったり、あったことを何か話し始めたり、トイレに連れて行ってほしいと言ったり、妹の髪を引っ張ったり、居間の床にソーダをこぼしたりするかもしれません。これらの行動は、いずれも母親の注意を引く可能性があります。人の行動レパートリーの大半に関して、適切なものも不適切なものも含めて、通常、自分のニーズを満たすために選択できる行動の選択肢がたくさんあります。

　多くの行動が同じ機能を果たし得る場合、人はどのようにして実行する行動を選択するのでしょうか。1つの答えは、その行動の効率性にあります。まず、効率性とは、その行動を行うためにどれだけの努力を必要とするかという点で評価されます。例えば、

前述の目の見えない自閉症の少女は、拍手したり、ジャンプしたり、母親に誘導されて歩いたりする方が、白杖をつくよりも楽だと思いました。

　人が適切な行動を選択するように促すには、その人がその行動を行うのに十分な能力を持っていること、そしてそれが本人にとっては大変なことではないことを確認しなければなりません。一部の人の不適切な行動については、簡単で適切な代替手段を難なく実行できるようになるまで練習させることで支援できます。先に紹介した、クッション性のある拘束具を要求するための絵カードを与えられた青年は、このやり方の一例です。

　次に、人は最大の強化をもたらす可能性の高い行動を選択しがちです。例えば、授業中に手を挙げれば「はい、ジョニー君」というニュートラルな返事が返ってくるが、廊下で鉛筆を投げれば１対１の非常に激しいやりとりが展開されるという場合、真剣な注目に関して確立操作（EO）がある生徒は、鉛筆を投げてそれを要求する可能性が高いのです。同様に、いずれの行動も強化されるなら、早く強化される方が優先されます。ジョニーが手を挙げても、声をかけられるまで３分待たなければならない場合と、叫び声をあげたらすぐに注意を向けてもらえる場合とでは、行動の振り子は叫び声をあげる方に振れるでしょう。

　最後に、これらすべての要因を合わせて検討します。最終的に選択される行動は、以下のバランスによるものです。

　　１．強化子を得るために必要な努力（反応努力）
　　２．提供される強化子の量
　　３．強化子の即時性

　行動がなぜ起こるのかについての伝統的な信念は、すべてこの章で説明したモデルのどこかに当てはまります。あなたが思いつ

くほとんどすべての行動の機能は、注意を引きたい、逃げたい、特定のモノや活動が欲しい、自動強化が欲しいという欲求のいずれかに集約することができます。例えば、クラスで表面的には良い行動を取る生徒は、先生を喜ばせるためにそうしていると思われるかもしれません。しかし、他者を喜ばせるという機能は、（ポジティブな）注目を得ることの一部なのです。また、日常生活では、誰かの行動を「機嫌が悪い」せいだと考えることがよくあります。実際には、行動を起こすための動機づけの閾値が、気分によって変わることはありますが、その気分を表現することが行動の機能になるわけではありません（自閉症の子どもが、自分の家で比較的落ち着いているときには、弟に「あっち行って」と言うことができるのに、怖くて見慣れない環境では、人を噛んで追い払おうとすることを考えてみてください）。また、「正しい」ことをするかどうかを決めるにも、努力と強化のバランスを常に計算する必要があります。

　行動の中には、即時強化された結果としてではなく、過去の学習に結びついたパターンによって起こるものもあります。例えば、2歳児の「おもちゃなどをシェアする」「他者の手助けをする」「優しい」といった行動を強化すると、もっと広い《反応クラス》（関連する行動群）が強化され、それを利他主義や他者への配慮と呼ぶことができます。後に大人になったこの2歳児は、その時に特定の強化子を得るためではなく、この強い反応クラスの結果として、貧しい人に食べ物を分け与えたり、サメから人を救ったりするかもしれません。つまり、行動の4つの機能のうちの1つによって行動が学習されれば、その後は薄い強化スケジュールや間歇強化スケジュールでも維持されるのです。

第3章

着　手

機能的行動アセスメントを
完了するための最初のステップ

　あなたは、学習プロセスの基本概念を習得しました。これで、習得した内容を使って機能的行動アセスメントを仕上げる準備が整いました。次の５つの章で、アセスメント・プロセスを段階的に説明していきます。この５つの章は、実用的なガイドとなるようにデザインしているため、組織化と効率化を目標としています。物事をシンプルに保つためのヒントを提供します。次のトピックについて説明します。

　　　　　ステップ１：アセスメント・チームを立ち上げる。
　　　　　ステップ２：標的行動を選択する。
　　　　　ステップ３：標的行動を定義する。
　　　　　ステップ４：標的行動を測定する。
　　　　　ステップ５：ベースラインを確定する。
　　　　　ステップ６：チーム・メンバーにインタビューする。
　　　　　ステップ７：標的行動を観察する。
　　　　　ステップ８：標的行動を実験する。

ステップ１：アセスメント・チームを立ち上げる

　ある行動に取り組むことを決定したら、最初のステップは適切なチーム・メンバーを特定することです。ある１人の情報が、問題提起行動の謎を解く鍵となる可能性があるため、アセスメント・プロセスのこのステップには、十分注意を払う必要があります。第２章の、盲目で自閉症の少女サマンサの例を考えてみましょう。家族へのコンサルテーション訪問は、父親が普段働いている日時に行いました。サマンサの母親が主に世話をしていたので、このことが問題になるとは思いませんでした。しかし、たまたま別の日に訪問し、サマンサの父親に会いました。最終的に行動の正しい機能の特定に導いてくれたのは、父親からの情報でした。

　理想的には、標的行動を見たことのある人は、少なくとも情報収集段階では、アセスメント・チームに参加するべきです。さらに、特にコミュニケーションに関連する、その子どものメリ（弱み）とハリ（強み）のパターンをよく知っている人は誰でも参加するべきです。標的行動を直接見たことがない人でも、標的行動が生じていないときに機能している変数と実行されているスキルに関して、情報を提供できることがあります。

家族

　通常、チームは子どもの家族から始めます。親は、アセスメント・チームで最も重要な役割を果たしますが、就学前の兄弟姉妹でも、標的行動を引き起こしたり防いだりすることについて、情報を提供してくれることがあります。幼い子どもでもとても優れた行動主義者になれる、ということには驚かされます！　おそらく必要

に迫られてのことでしょう。幼い子どもたちは、問題提起行動の前兆に気づくのがとても上手なことがよくあります。兄弟姉妹の中には、問題提起行動を簡単に防止できたり、それから逃避できたりする子もいれば、実際に問題提起行動を意図的に誘発した経験がある子もいます。黙って小突いたり、つねったりして、わざと大声を出させたり、反撃させたりする兄や姉がいる場合、このようなことをする兄姉の能力に誰もが気づいていることでしょう。

専門家

　子どものニーズを満たすために家族をサポートする専門家も、アセスメント・チームに加わるべきです。とりわけ、子どもの担任教師や、言語聴覚士、作業療法士、相談支援専門員が該当するでしょう。これらの人たちはそれぞれ、問題提起行動に関する観察と経験が異なるかもしれません。さらに、子どものメリ（弱み）とハリ（強み）のパターンについての洞察が、それぞれ異なるかもしれません。そのメリハリのパターンが、必要なものを最も効率的に手に入れるために、問題提起行動を選択させているのです。

　問題提起行動に影響している要因を知っているかもしれない人たちを除外すると、アセスメント・プロセスは難渋します。こういうことが、アセスメント・チームで起こるのを防ぐために、型にとらわれずに自由な発想で考えてみましょう。役に立つ情報を持っているかもしれない人は、すべて参加してもらいましょう。子どもの送迎バスの運転手は、おそらく問題提起行動を見たことがあるのではないですか？　チーム・ミーティングに、「専門科目」の先生（美術、音楽、体育など）は参加していますか？　子どもの祖父母は、貴重な情報を持っていませんか？　昼食の介助者はどう

ですか？ または遊び場の監視員はどうですか？

　貢献できそうな人すべてについて、しっかり検討しましょう。また、それぞれの観察者が、自分の意見を言えるようにしましょう。一人の人間が別の人間の考えを要約してしまうと、要約の際に重要なものを失ってしまう危険性があります。

ピア

　ピア（同級生など）は見過ごされがちですが、普通教育を受けている子どもに関する貴重な情報源となる可能性があります。兄弟姉妹のように、ピアは、何が問題提起行動を引き起こすのかによく気づいており、その問題提起行動を防ぐ方法をよく知っているかもしれません。しかし、ピアに情報を求めることには、ASD の子どもにとっての守秘義務ニーズについての鋭敏な感覚が必要です。ピアが問題提起行動を目撃した場合、教職員は「ここで何が起こったのか？」と問うことは比較的簡単です。他の生徒についても同様です。

　しかし、進行中の問題提起行動だが、たった今生起したばかりではない行動を検討する場合、ピアに質問するには、多くのことを検討する必要があります。最初に検討すべきことは、ある子どもに特別なニーズがあることを、ピアが知っているかどうかです。ピアがクラスメートの特別なニーズを知っている場合は、そのクラスメートに過剰な注意を向けないようにして、気軽にピアにアプローチしましょう。次のように言ってもいいでしょう。「きみたちはたいてい、ジョニーが遊び場で使うのと同じ道具で遊ぶよね。それに、ジョニーは、そこで遊ぶときにしょっちゅう手を噛むよね。ジョニーはその道具が本当に好きだから、それから引き離すことはしたくないのだけど、自分を傷つけることもさせたく

はないの。ジョニーがなぜ自分の手を噛むようなことをするのか
について、きみたちは何か知っているかな？」。彼らの返答を聞
いて、その洞察力にあなたは驚くかもしれません。この種のアプ
ローチによって、ピアたち自身の問題提起行動に対処することも
できます（たとえば、「昼食が終わるまであなたが席に着いているため
に、どんな手助けをしたらいいかな？」）。このようなアプローチなら、
特別なニーズのある生徒についての、この種の会話は目立たない
でしょう。

　ある子どもに特別なニーズがあることにピアは気づいていない
こともあります。そのような場合、チーム・メンバーは、この特
別なニーズについての情報をピアと共有することについて、保護
者の許可を得るか、あるいは子どもに対する守秘義務を優先する
かしなければなりません。教師によっては、守秘義務に抵触する
ことなく情報を収集するために、クラスでの問題提起行動につい
てのグループ討議中にアイデアを募るという手法を使っています。
大声をあげることやいじめなどにつながる要因を探る中で、個人
名を言わないというグループ討議の基本ルールを定めた上で、標
的行動について話し合うこともできます。

　教師が使用する可能性のある別の手法は、クラスに質問票を配
付し、各自が観察したことのある他の子どもの問題提起行動を
特定し、それについての質問に答えてもらうものです。たとえ
ば、クラスに次のように質問することができます。「あなたが学
校で見たことのある行動で、その行動を取っていた生徒に、また
はその周囲の人に問題を引き起こした行動の名称を書いてくださ
い。その行動を念頭に置いて、次の質問に答えてください」。次
に、その行動の前後にたいてい何が起きているか、およびアセス
メントに基づいて、年齢に適したレベルでの他の質問に進めてい
けます。その後、その回答は、人権についての幅広いディスカッ

ションの一部として利用することもできますが、問題提起行動に関するピアの観察結果が利用できることにもなります。この手法は、問題提起行動が劇的で、かなりの数のピアが標的行動としてその問題提起行動を選択する可能性が高い場合にのみ使えます。

問題提起行動を取る本人

また見過ごされがちな最後の重要な情報源は、問題提起行動を取る本人です。バスの座席のチェック柄を見ると耳が痛くなるという情報を知り得た就学前児のことを思い出してください。この具体的な情報は、観察者からは入手できなかったでしょう。

あなたとコミュニケーションを取ることができる子どもや大人に関わる場合、問題提起行動が起こる理由について、そしてそれに抵抗することが最も難しい場合について、簡単にいくつか質問をすることができます。このことは時に、途方もない洞察をもたらすことがあり、アセスメント・プロセスの一部としてルーチンにすべきです。実際、小学5年生から中学2年生までの生徒でも、自分の問題提起行動の原因を特定することを目的とした広範なアセスメント・インタビューを、教師と同じような結果を出して、うまく完了できました(Reed, Thomas, Sprague & Horner, 1997)。別の、小学生を対象とした機能アセスメント・インタビューも使われたことがありますが、予備調査によると、回答者の年齢がインタビューの有用性に影響を与える可能性があります (Kern, Dunlap, Clarke & Childs, 1994)。アセスメント・インタビューの例は第5章（100-109ページ）にあります。

チーム・メンバーへの役割の割り当て

　各チーム・メンバーは、機能的行動アセスメントのプロセスにおいて、特定の役割を持ちます。チーム・リーダーまたはコーディネーターが、最も中心的な役割を果たします。この人の職務内容は、チーム・メンバー間のコミュニケーションの調整、アセスメント実施の監督、およびデータの収集方法と分析方法に関する意思決定です。この人には、機能的行動アセスメントについての確かな理解はもちろんのこと、強力な組織能力が必要です。通常、この役割は、親、教師、または行動を支援する行動学専門家が担当します。

　次に、一部のチーム・メンバーが情報提供者として行動します。情報提供者は、インタビューでの質問に答え、コーディネーターによって割り当てられたデータ収集を行い、観察結果やアイデアを報告します。これらは、兄弟姉妹、祖父母、専門科目担当教師たちにふさわしい役割です。最後に、一部のチーム・メンバーは、データの分析と解釈に関してチーム・リーダーの手伝いをすることもあります。これは、教師を手伝う行動学専門家（またはその逆）、親を手伝う教師（またはその逆）などです。以上の役割は、肩書ではなく、関心、参加意欲、専門知識に基づいて割り当てるべきです。

簡単にまとめると

入手できる人から情報を入手しましょう！ アセスメント・チームには、チーム・メンバーと情報を調整および整理するリーダーがいることを確認してください。そして、可能な限り、ASD の当事者から情報を入手することも忘れてはなりません！

ステップ２：標的行動を選択する

　自閉スペクトラム障害の子どもたちの多くに、複数の問題提起行動が見られます。行動を改善するにあたって、どこからどのように始めるべきかを決定することは、しばしば難題です。以下のガイドラインは、チームが、やることリストを管理しやすいものにするために、焦点を絞って優先順位を付けるのに役立ちます。

ガイドライン１：一度に１つの行動にのみ取り組む

　可能であれば、一度に１つの行動にのみ焦点を合わせます。アセスメント・プロセスの説明を進めていくと、それぞれの行動を扱うには、観察やデータ収集、最終的には各行動に対処するための計画が必要となることがわかります。言い換えれば、それぞれの問題提起行動に取り組むには、かなりの量の作業が必要なのです。一度に複数の行動を標的にすると、チーム・メンバーは参ってしまう可能性があります。そのために、データ収集の手抜きをしたり、観察を怠ったり、目標の達成に絶望感を覚えたりするかもしれません。結果として、すべての問題提起行動のアセスメントの達成を遅らせることになるかもしれません。むしろ可能な限り、チーム・メンバーへの要求を制限することで、結果的にアセスメント・プロセスを成功に導くことができます。

　さらに、自閉スペクトラム障害の人は、特定の機能を果たす複数の行動を取ることがよくあることを忘れてはなりません。１つの行動のアセスメント結果は、この機能を果たすすべての行動に対処する支援につながる可能性があります。ある行動の機能的行動アセスメントに基づく支援計画は、他の行動にも影響を与える

ことがよくあります。最初の行動に対処した後には、他の行動への支援はもはや必要なくなるかもしれません。たとえば、学業から逃避することに動機づけされて、嫌みを言い、宿題を破り、器物を破壊する生徒のことをもう一度考えてみましょう。嫌みを言うことだけを取り出しての機能的アセスメントにより、学業からの逃避に関する支援が考えられるでしょう。すなわち、おそらく学業は彼が楽しめるトピックでいっぱいになり、彼は挙手して適切に休憩を要求することができるようになるでしょう。これにより、嫌みを言うことが減るだけでなく、逃避機能を果たす他の行動も減るのです。

ガイドライン２：ハビリテーション

行動分析家が何を教えるかを決定するときに使用する一般的なガイドラインは、《ハビリテーション》と呼ばれます。これは、自然に発生する計画外の強化へのアクセスを増やし、自然に発生する計画外の弱化へのアクセスを最小限に抑えるべく計画された目標を開発することを意味します。たとえば、ASD の年少児であるゲイリーは、是が非でも友だちを作りたいにもかかわらず、フォントについて話すことに長時間費やすので、他児は彼を避けているという場合、支援は、ピアの周りでのフォントの話を減らすことから始まるかもしれません。この支援により、ゲイリーがピアから正のフィードバックを得る機会は増えるでしょう。

同様に、思春期の少女が、他の乗客にまとわりついて座るために、市バスから強制的に下ろされるとします。しかし彼女が大好きな放課後の仕事に行くためにはバスに乗る必要があるのなら、アセスメントすべき第１の行動は、座るときに隣の人に近づきすぎることでしょう。これで彼女はきっと仕事を続けられるでしょ

う。彼女は大好きな仕事によって強化をうけることでしょう。

　ハビリテーションの原則によれば、本人やその人の所属コミュニティのメンバーの適応機能を妨げる問題提起行動には、すぐに対処しなければなりません。例えば、生徒が学校で課題をやり終えることを妨げる行動、スポーツ・チームの仲間がコーチの指示を聞こうとしているのを妨げる行動、または子どもが自宅で健康に留意することを妨げる行動などがあります。

　それらがあなたをいらだたせるという理由だけで、問題提起行動に取り組むことのないよう、注意してください。これは、ハビリテーションの原則に反します。たとえば、ある生徒が筆記課題に取り組んでいるときに、静かに鼻歌を唄うのですが、これが先生と1対1のときだけのことなら、この行動に対処する理由はありません。それでもその生徒は学ぶことができ、この行動が何ら学習の妨げにはならないなら、強化や弱化へのアクセスには何ら影響はありません。その生徒が、その課題をこなすために静かに鼻歌を唄うことを望むならば、そうすることを選ぶのはその生徒の権利です。時間やエネルギーがあり余っている親や先生はいないのですから、本人の生活が変わるとは思えない問題に、貴重な時間やエネルギーを浪費する必要はないはずです。先生が生徒の鼻歌に耐えることを学ぶ方が、きっと簡単でしょう。

　対照的に、上記の生徒がインクルーシブな教室で、バスの中で、ショッピング・モールで鼻歌を唄うと想像してみましょう。さらに、このことでクラスメートが当該生徒をからかって、教室で当該生徒の近くに座ることを拒否したと想像してみましょう。これは、同じ行動が自然発生的な弱化子につながる例ですが、残念ながら、その弱化子それ自体で、その行動が止まるほど十分な強さではないかもしれません。この場合、機能アセスメントに基づく支援が必要になります。

ガイドライン３：安全を確保する

　自己、他者、財産に危険を及ぼす行動に必ず対処してから、脅威度の低い懸念事項に対処してください。ASD の人と周りにいる人の安全を守ることは、他のすべてに優先します。

　通常、他の行動と同じように、危険な行動について機能的行動アセスメントを実施します。しかし、行動によっては非常に危険であるため、当座しのぎですぐに何かを実行しなければならず、アセスメントは先延ばしにしなければならないこともあります。その場合、危機管理アプローチを使うことになります。

　危機管理の基本原則は、行動を長期的に改善するのではなく、行動を回避するか、行動が生じたときに影響を最小限に抑えるための方法を見つけることです。残念ながら、これは問題提起行動を強化せざるを得ないということを意味する場合もあります。全員の安全が確保されたら、もっと徹底的で長期的なアプローチを特定できます。たとえば、ある生徒が、課題から逃避するために、クラスメートに物を投げつけようとしている場合、その問題提起行動を強化することになりますが、他の生徒たちの安全を守るために、課題をすぐに撤去します。全員の安全が確保されたら、アセスメント計画について考えることになります。危機管理については、第11章で再度説明します。

ガイドライン４：子どもと評価チームを成功に導く

　上記のガイドラインに従った後、対処すべき行動の選択肢がまだ複数ある場合は、最初に最も容易な問題提起行動を選択します。このことにより、子どもと支援チームは成功体験を積むことができ、将来的にはより多くの成功をもたらすことでしょう。通常、最新

の行動や、生起する状況が最も少ない行動は、アセスメントおよび最終的な対処が最も容易です。同様に、問題提起行動が生起する理由がかなり分かりやすそうな場合、その行動は出発点として適しているでしょう。

ガイドライン5：大切な人のニーズを考慮する

　上記のガイドラインと相まって、標的行動を選ぶ際に、大切な人のニーズを検討しましょう。たとえば、家族には、時間的制約があって、特定の行動のアセスメントが急を要するかもしれません。ひょっとしたら、子どもは人混みの中で問題提起行動を取るのかもしれませんし、姉は3か月以内に結婚するのかもしれません。このような場合の問題提起行動は、すぐに標的にする必要があります。

　あるいは、問題提起行動のために、家族の大切な活動（例：宗教行事やコンサート）への参加が制限されるかもしれません。その場合、この問題提起行動は優先課題となります。最後に、問題提起行動の中には、家族の日常生活を困難にするものもあります。私（BG）が出会ったある10代の少女には、人前で裸になる兄（弟）がいました。彼女は家族と一緒に外出するのをとても恥ずかしく思い、それを絶対に避けました。このように他の人に強い衝撃を与える行動には、すぐに注意を払う必要があります。

実践例

　標的行動を選択するにあたり、いくつかの簡単な例を挙げてみましょう。

ジョー

ジョーは、普通学級にいる 12 歳の少年で、ASD と知的障害があります。ジョーは 3 年間在籍しており、同級生と素晴らしい関係を築いており、彼はそのことをとても大切にしています。しかし、今年は過去と比べると、問題提起行動が多いのです。具体的には、口でカチッカチッという音を立てます。ほとんどの生徒は気づかないのですが、彼をよく知っている先生はそれに気づきます。さらに、ジョーは、授業中に大声で不作法に笑います。そういうときには、先生たちは彼を厳しい目で見ますが、そのことが、先生たちが怒っているかどうかについて、先生たちと延々と議論をすることを、ジョーにプロンプトすることになるのです。最後には、ジョーは他の人を噛み始めます。現在までに、彼は同級生2人と教師1人を噛みました。ジョーについては、どこから始めるべきでしょうか？

ジョーに関して最初に取り組むべき問題提起行動は噛みつきです。これは危険な行動であるため、優先されます。ジョーが同級生を噛み続けると、彼らとの関係が危機に瀕する（強化へのアクセスが最小になる）かもしれないので、そのこともあって、噛みつき行動から手を着けるのがよいでしょう。さらに、噛みつきは比較的新しい行動なので、アセスメントと支援に反応する可能性は最も高いでしょう。次に、チームは、ジョーの状況にそぐわない笑いを標的にします。これは同級生の気を散らし、学習を妨げるかもしれません。それはまた、ジョーの学習の妨げにもなります。そのために、教師との長い議論となり、最終的にジョーの勉強時間も奪われることになるからです。最後に、クリック音には対処すべき理由はありません。そのことでは、決して彼の学習の進捗は妨げられません。

トレイシー

　トレイシーは、スーパービジョン付きのアパートに住む高機能自閉症の成人です。彼女はロマンチックな関係を切望していますが、まだふさわしいパートナーが見つかっていません。実際、彼女はまだ友人との関係を築いておらず、そのことも切望しています。トレイシーは、身近な支援者とは興味のある話題について気軽に話すことはできますが、同僚が彼女と対話しようとしてもそれには応じません。計画されたソーシャル・グループでは、彼女は課題材料を壊すなどの破壊的な行動や、他の人に材料を投げつけるなどの攻撃的な行動に走る可能性があります。

　トレイシーに関して最初に取り組むべき問題提起行動は攻撃行動です。ジョーと同様に、危険な行動が優先されます。さらに、彼女がソーシャル・グループから離れるように要求されるまで、他の人たちは、何度も攻撃に耐えなければならないでしょう。トレイシーは人間関係の形成にとても興味を持っているので、グループは、彼女にとって潜在的に重要な強化の源です。次に、同様の理由で、課題材料の破壊に取り組んでもよいでしょう。最後に、他者からの関わりへの対応の失敗を、標的にする必要があります。この行動は、トレイシーが目標を目指すことを明らかに妨害するものであり、スキル不足や不安のせいにするのではなく、機能アセスメントのプロセスを通じて対処すべきことです。

簡単にまとめると

常にまず危険な行動に取り組みましょう。次に、強化へのアクセスを妨げている行動、あるいは本人、コミュニティ・メンバー、本人の大切な人たちに過剰な弱化をもたらす行動を検討しましょう。他のすべての条件が同じであれば、支援に最も早く反応する可能性が高い行動に取り組みましょう。そうすることで、チームにも本人にも勢いが出てきます。

ステップ3：標的行動を定義する

　問題提起行動の定義を書いてくださいと言うと、多くの親や教師は困惑します。親や教師は信じられないといった顔をして、「かんしゃくを知らないの？」と言うかもしれません。問題は、私がかんしゃくと呼ぶものと、その親がかんしゃくと呼ぶものとが同じではないかもしれないということです。頭突き、オウム返し、唾吐き、叫び声など、思いつく限りの問題提起行動も同様です。他の人の発言の意味を理解しなければならない人たちのチームが、行動をアセスメントするのですから、その行動を明確に定義することが不可欠です。

　ある行動の定義を書くには、その行動の実行の仕方についての指示を書き留めるのが一番です。自分が監督になったつもりで、俳優に子どもの役をどう演じるかの指示を出してみましょう。何をすべきかを正確に書き留めましょう。そうすることで、その行動が明確に定義されます。たとえば、私（BG）の2歳の息子のかんしゃくを定義するなら、次のように書くでしょう。「『いやだ！』と叫びながら、そばにあるソファ、椅子、またはベッドに突進し、まず腹ばいになって家具の上に身を投げる」。この説明を読めば、誰でも、おそらくこの行動を実演できるでしょうし、小さな男の子のように見えることでしょう。あなたの定義が機能的かどうかをテストするには、それを書き留めて、子どもの問題提起行動を見たことがない人にその定義を渡しましょう。そしてそれを実行するよう依頼しましょう。それが正しく実行されたと思えれば、あなたの定義は明確だということです。

　問題提起行動の中には、毎回まったく同じ行動とは限らないものもあります。たとえば、《反抗的行動》には、「いやだ！」と叫

ぶ場合もあれば、求められたことを聞こえないふりをするという場合もあります。あるいは、「おまえが自分でやれ！」と言う場合もあります。異なる行動が一緒に生起する傾向がある場合や、同じ先行事象に続く傾向がある場合、「あるいは（or）」を使ってそれらをまとめ、それに応じて取り組むことができます。たとえば、上記の反抗的行動の操作的定義は、次のようなことになるでしょう。「指示が出されると、子どもは『いやだ！』と叫ぶか、『自分でやれ！』と叫ぶか、あるいは（or）やっていたことが何であれそれを続けます」。

　最終的には、その行動を測定するために、あなたの定義を使用します。その行動がどのように見えるかによって、何回生起したか、どれくらい続いたか、あるいはどれほどの強度だったかを、知りたいでしょう。したがって、行動を測定できるように、定義を書かなければなりません。可能な限り、各々の定義によって、問題提起行動の始まりと終わりが明確になるようにします。ある行動を、１つの長い事例として測定するべきか、新たな事例として測定を開始するべきかが、読む人にとって明確でなければなりません。強度が問題になる場合は、強度の各レベルを明確に定義する必要があります。

　定義と測定計画の適合性を保障するために、定義を書く前に、何を測定すべきか（回数、強度、持続時間）を決めておくことがベストです。たとえば、上記の筆者の息子のかんしゃくの定義の場合、かんしゃくの持続時間を測定したいとは思わないでしょう。時間計測を開始するのはいつですか？　彼が走るとき、あるいは彼がソファに身を投げるときですか？　時間計測を止めるのはいつですか？　彼がソファに身を投げ出したとき、あるいはソファから起き上がったときですか？　彼がソファから起き上がったときに泣いている場合はどうなりますか？　彼がそのまま別のソファに

走って行った場合はどうなりますか？ それは時間計測すべき新しいエピソードですか、それとも同一のエピソードですか？ 対照的に、そのかんしゃくの定義は、行動の頻度を測定するときには非常に使いやすいでしょう。つまり、彼がソファに駆け寄り、叫びながらソファに身を投げ出すたびに、1回のかんしゃくと測定します。何を測定すべきかを決定するためのガイドラインについては第4章で詳述します。

簡単にまとめると

問題提起行動の定義を決めるために、誰かにそれを実演してもらうための指示書を書きましょう。実際にはその行動を見たことがない人に指示しましょう。その人がその行動を正確に実演するなら、あなたの定義は明確な定義です。

第4章 行動の測定

支援すべき問題提起行動を特定し、誰もが認識できるように定義し、行動の機能を理解するために協力してくれるチームを選んだら、FBA の次のステップの準備ができています。すなわち、行動を測定するためにどのようなパラメーター〔結果に影響を与える測定可能な要因〕を使用するかを決定し、そのパラメーターを使用して、支援を開始する前に行動を測定します。この課題を両方とも完了するためのステップを以下に説明します。

ステップ４：標的行動を測定する

機能的行動アセスメントの一環として、行動を定量化する必要があります。これにより、さまざまな状況での行動の強さを比較し、行動の傾向を確認し、機能アセスメントの結果に基づいて策定した支援計画が効果を発揮しているか否かを最終的に評価できます。行動の測定は、機能的行動アセスメントの基礎となる事実を提供してくれます。データがなければ、行動の機能を推測しているにすぎません。このセクションでは、測定の実際的な方法に

ついて説明します。各種の測定システムの未記入データシートを用意しましたので、アセスメントを実施する準備ができたら、それをコピーして使用してください。行動の測定方法を選択する際には、次の2つの問いを検討してください。

1. この行動の測定方法として最も簡単なものは何か？
2. 行動の変化を最も捉えやすい測定値は何か？

すべてのチームメンバーが確実に使用できる測定値であり、アセスメントに基づいて策定した支援が効果を発揮しているか否かを確認するのに役立つ測定値が必要です。行動の中には、他の行動よりも始まりと終わりが明確で、他の行動にすぐさま連続して生起することはない行動もあります。このような行動の場合、頻度の測定が効果的です。例としては、上述のかんしゃくや第3章で説明したジョーの噛みつき、あるいは学業から逃避したい生徒による嫌味な発言の数が該当します。他方、行動の始まりと終わりがそれほど明確ではない行動もあります。その例としては、同じ行動がすぐに連続して繰り返される場合（例、頭突き）、複数の行動がすぐに連続して生起する場合（例、殴る、蹴る、噛みつくなどの攻撃的な行動）、あるいは1つまたは複数の行動が長時間にわたって生起する場合があります（例、他のかんしゃく関連の行動を伴う、あるいは伴わない泣き叫び）。こういった行動の改善を記録する最良の方法は、おそらくその行動の持続時間を測定することです。

最後に、行動によってはその進歩が、強度の変化によって最もうまく測定できるものもあります。たとえば、自分の手を噛む子どもの場合、時間の経過とともにあまり激しく噛まなくなることで、改善していることが分かるでしょう。この子どもに適用できそうな噛みつきレベルの簡単な定義は、次のようになります。

■レベル1：口の中に手を入れる

- ■レベル２：口の中に手を入れ、跡が残るほど噛む
- ■レベル３：口の中に手を入れ、出血するほど噛む

　あなたが実際に見たことのある行動に基づいて、行動を定義することを学ぶ方が容易です。本書の中での行動の定義の使い方を練習するために、以下にリストを２つ用意しました。ページの左側は、有名な映画で多くの人が見たことのある行動です。右側は、その定義です。行動と定義をマッチさせてください。答えのリストには、各定義に適した測定方法を明記しました。

1．ホームアローンでの顔	a）かかとを出して足をV字にしてつま先をタッチし、つま先を軸にしてかかとを寄せてタッチし、スタートポジションに戻ることを繰り返す。
2．オズの魔法使いで、ドロシーがかかとをクリックする	b）被害者に向かって走り、地面に倒し、犠牲者の顔に何度もパンチを入れる。
3．サイコで、ノーマン・ベイツがシャワー中に被害者を刺す	c）キッカーのためにボールを保持する場合、キッカーの足がボールに接触する3インチ以内に入ったら、ボールをどける。
4．クリスマス・ストーリーで、ラルフィーがいじめっ子をぶちのめす	d）頬に手を当て、口を大きく開けて、叫ぶ。
5．ルーシーがフットボールをチャーリーブラウンから引き離して転倒させる	e）ナイフの柄をつかみ、片腕を頭の上に伸ばして腕を振り下ろしてナイフを被害者に突き刺す、これを繰り返す。

答え：
1．d）頻度または持続時間の測定値を使用する
2．a）持続時間の測定値を使用する
3．e）頻度の測定値を使用する
4．b）強度または持続時間の測定値を使用する（強度にはもっと多くの定義が必要）
5．c）頻度の測定値を使用する

頻度記録

　頻度の測定とは、特定の時間内に行動が生起した回数を数えることです。ある行動が１日に生起する回数を記録する場合があります。たとえば、ダラが One-D についてコメントする１日あたりの回数を測定できます。また、１時間や10分間のタイムサンプル内や、１学期間の、あるいは任意の期間の行動生起数を測定することもできます。どれにするかは、行動の性質と観察者の時間的制約によります。

　各観察で観察時間が同じ長さの場合は、単に合計を「データ・ポイント」（その日のパフォーマンスの記録）として記入することができます。しかし、観察時間の長さが毎日異なる場合は、割合を計算する必要があります。割合は、行動の数を観察時間の長さで割って出します。たとえば、ある生徒が６時間授業の日に課題ページを６回破った場合、１時間に１回の割合でページを破ったことになります（破った回数６を時間数６で割ると、１時間当たり１回）。ある生徒が、20分間の観察中に、10回叫んだ場合、１分当たり0.5回の割合で叫んでいます（叫ぶ回数10を20分で割ると、１分当たり0.5回）。

　頻度または割合の測定は、開始と終了が明確で不連続的な行動に最適です。このデータもごく簡単に収集できます。数える経験は誰でもしているからです。ですから、何か新しいことや普通ではないことを観察者に要求することにはならないのです。

行動の時間ベースの測定

持続時間
　行動の持続時間の測定は、行動がどれ程続くかを記録すること

簡単な方法としては[1]

この種のデータ収集を実際に役に立つものにするために、以下の秘訣を検討しましょう。

■ ゴルフ・カウンターを購入し、ポケットに入れて、問題提起行動が生起するたびにクリックする。または、スマートフォン用の無料ゴルフ・カウンター・アプリを使う。観察期間が終わったら、カウンターの数字を見て、その問題提起行動が何回生起したかを確認する。これにより、ペンや紙、クリップボードを持ち歩く必要はなくなり、一日中、手がふさがらずにすむ。生起率を計算する必要があるなら、開始時刻と終了時刻を必ず書き留めておく。"Behavior Tracker Pro" のように、販売されているアプリの中には、このデータを集めてグラフ化してくれるものもある。

■ マスキング・テープを手首に巻き付け、ポケットにはマーカーを入れておく。問題提起行動が生起するたびに、ペンでテープに「正」の字を書き、ペンはポケットに戻す。観察の終了時刻がきたら、「正」の字を数えて合計を出す。これも、クリップボードは必要ないので、手は自由になる。生起率を計算する必要がある場合は、開始時刻と終了時刻を忘れずにメモする。

■ 服の右ポケットに1円玉をいくつか入れておく。問題提起行動が生起するたびに、1円玉を1個、左ポケットに移す。観察期間の終わりに、左ポケットの1円玉を数えて合計を求める。あなたが関わっている子どもと一緒にいる場所で、そこにある物を使って同様のことができる。たとえば、キッチンで問題提起行動が起こるなら、その行動が起こるたびにシュガーボウルから砂糖を1パケット取り出す。この場合も、生起率を計算するためには、開始時刻と終了時刻を記録する必要がある。

■ クリップボードを携帯しても活動に支障がない場合は、付録Aの行動頻度記録データシートを携帯して、行動が生起するたびに「正」の字で記録することができる。

---

1 〔訳注〕スマートフォンの記録用アプリにはいろいろあるが、鳥取大学の井上雅彦教授による Observations1 や Observations2 が優れもの。前者は簡便に記録できることを重視、後者は紙ベースからカメラで記録を読み取れるように改良され、行動観察（ABC 分析）のアプリとして observations sheet を追加できる。井上研究室 https://www.masahiko-inoue.com/ からダウンロードできる。

です。この種の測定法は、構成要素が多い行動（例：殴り合いの喧嘩）や、長時間続く行動（例：泣き叫びのエピソード）に最も適しています。持続時間の測定が適した問題提起行動の他の例には、体のロッキング、かんしゃく、または課題逸脱行動があります。これらの行動は、エピソードが連続的だったり、構成要素がいろいろ多すぎて測定できなかったりすることがあります。持続時間を測定すると、頻度が自動的に計算されることに注意してください。記録する各持続時間が、行動生起数1回としてカウントされます。

　持続時間を測定するには、行動の開始時刻と終了時刻を記録し、その持続時間を計算するだけです。持続時間は、秒、分、または時間で測定できます。次に、観測時間ごとの平均持続時間または合計持続時間を計算できます。合計持続時間は、各観測時間が同じ場合にのみ使用できます。そうでなければ、合計持続時間は比較できず、平均持続時間の方が良い測定基準となります。

　アセスメント中に、《不適切な》行動の持続時間を測定できます。このことは、持続時間が長いほど、より問題の大きい行動であることを示唆しています。あるいは、アセスメント中に、《適切な》行動の持続時間を測定することもできます。その場合、持続時間が長いほど、不適切な行動は少ないことを示唆します。たとえば、算数の授業中に問題のあるさまざまな課題逸脱行動を呈する子どもにとって、考えられるそれぞれの課題逸脱行動を定義してそれぞれを測定するよりも、この時間中の課題従事行動の持続時間を測定する方が簡単です。課題従事行動を測定するには、課題従事行動のそれぞれの開始時刻と終了時刻を記録してから、合計持続時間または平均持続時間を計算します。

潜時latency
　もう1つの時間ベースの測定値は、行動までの潜時です。これ

簡単な方法としては

この種のデータ収集を実際に役に立つものにするために、以下の秘訣を検討しましょう。

■合計時間を出すタイマーを使用するか、スマートフォンのタイマー機能付き時計アプリを使用する。ポケットに入れて、適切なタイミングでスタート・ボタンとストップ・ボタンを押すだけ。紙とペンを近くに置いておき、持続時間を書き留める。合計持続時間を計算する場合は、1日の終わりまたはセッションが終わるまで何も書く必要はない。タイマーはあなたのために持続時間を加算し続ける。

■時計のある部屋にいる場合は、時計を見て開始時刻を覚えておくか、スマートフォンで時計の写真を撮る。問題提起行動が終了したら、開始時刻と終了時刻の両方を書き留めるか、スマートフォンで時計の写真をもう1枚撮る。鉛筆と紙を使用する場合は、クリップボードか何かをアクセス可能な場所（たとえば、キッチンで生起する行動には、キッチンテーブル上）に置いておく。

■アイライナー・ペンシルと文字盤が大きくて安い時計を購入する。アイライナー・ペンシルをポケットに入れておく。問題提起行動の開始時と終了時の分針の位置で時計に印をつける。これで、記録用紙にたどり着くまでの時間を少しでも稼ぐことができる。この方法を使う場合は、問題提起行動が終了したら、持続時間をできるだけ早く書き留める。もし、ある行動の印が、次の行動が始まった時にも時計に残っていたら、どの印がどの行動のものか分からなくなる。また、これは1時間以上続く行動では混乱するかもしれない。どっちが開始の印でどっちが終了の印であるかが、不明確になるからである。データシートに時間を記録したら、ウエットティッシュで時計を拭いておく。

■クリップボードと鉛筆を携行して行動を観察できるなら、付録Bの行動持続時間データシートまたは付録Cの行動潜時データシートを使用する。

は、先行事象の始まりから行動の始まりまでの経過時間を指します。潜時の測定の例としては、アラームが鳴ってから起床するまでの時間、指示が出てから子どもが取り組み始めるまでの時間、生徒がグループ活動に参加してから問題提起行動が生起するまでの時間などがあります。持続時間と同様に、潜時も、秒や分、時間で測定できます。潜時を測定するには、刺激が導入された時刻、または活動が始まった（たとえば、家庭中心行動単位型指導セッションが始まった）時刻を記録し、次に問題提起行動が生じた（たとえば、子どもが床に教材を投げた）時刻を記録します。2つの事象間で経過した時間が潜時です。

　持続時間の測定と同様に、適切な行動と不適切な行動のいずれかを測定することができます。たとえば、問題提起行動の潜時が長くなることは改善を意味し（たとえば、グループ内で破壊的な行動を取るまでの時間が延びる）、適切な行動の潜時が短くなることは改善を意味します（たとえば、呼ばれてグループに来るまでの時間が短くなる）。なお、潜時を測定すると、自動的に頻度もカウントされます。記録した各潜時は、行動の1生起とカウントされます。これも時間ベースなので、持続時間の場合と同じ《簡単な方法としては》の測定が使えます。

　強度

　標的行動の強度を追跡するには、その行動をさまざまな程度の強度に分け、それを使用して変化を追跡します。強度を測定するには、妥当性と信頼性の高い評定システムの構築が重要です。壁を殴る人についての強度尺度について次の例を考えてみましょう。

　レベル1－拳を壁に叩きつける

　レベル2－拳を何度も壁に叩きつける

　レベル3－拳を壁に叩きつけ、穴をあける

　　レベル４－拳を何度も壁に叩きつけ、いくつも穴をあける（数
　　　　　　を明記）

　強度評定を行う行動の例には、攻撃やかんしゃく、器物損壊、
あるいは大きさが変化する叫び声などの行動があります。
　強度を測定するときは、行動が生起するたびにそのレベルを記
録する必要があります。強度を測定すると、自動的に頻度もカウ
ントされます。記録する強度レベルの１つ１つが、行動の生起回
数１としてカウントされます。毎日の観察時間の長さが異なる場
合は、各強度レベルでの行動の生起率を計算する必要があります。
それには、各強度レベルでの行動の生起数を観察時間の長さで割
ります。

簡単な方法としては

この種のデータ収集を実際に役に立つものにするために、以下の秘
訣を検討しましょう。
■マスキング・テープを手首に巻き付け、マーカーをポケットに入
　れておく。行動が生起するたびに、強度評定をマスキング・テー
　プに書き留めて、ペンをポケットに戻す。観察時間が終わったら、
　データを記録用紙に転記する。
■付録Dの行動強度測定用データシートを挟んだクリップボードを
　携行するか、記録用紙とペンを行動が生起する場所の近くに置い
　ておき、強度レベルを書き留める。

行動のサンプルを使う

　上記の測定方法は、いずれも観察者が観察期間中ずっと注意を
払う必要があります。また、これらの方法は、開始と終了が確定
できる、ある程度不連続な行動を対象としています。しかし、行

動や状況がすべてこれらの測定方法に適しているわけではありません。行動によっては、ほぼ絶え間なく生じたり、始まりが急すぎたりして、各生起を測定することができない場合もあります。また、スタッフや家族には、他にもやらなければならないことが多すぎて、1人の子どもや1つの行動に集中できないこともあります。

　このような場合には、常時観察するのではなく、行動のサンプルによる代替方法があります。サンプルとは、全体を代表する小さな一部分です。例えば、貯水池の水の水質を知りたければ、一滴残らず検査するのではなく、少しだけ取り出して検査するでしょう。それを検査することで、貯水池全体の様子を知ることができます。テレビ番組の視聴率を調査する際、ネットワークはテレビを見ている人を1人1人モニターするわけではありません。その代わりに、少数の人々の家に設置されたボックスで、その視聴者が何を見ているかを把握し、そのデータを使ってテレビ視聴者全体の好みを推定しているのです。やはり、これも行動のサンプルです。機能的行動アセスメントでも、サンプルを使うことができます。

　もしある行動が上述の測定システムに対応するものであっても、チームメンバーが1日中行動を正確に観察して記録する自由がない場合は、サンプル・タイム・インターバルで観察することを考えましょう。そのためにはまず、1日中観察する必要があるのか、それとも特定の時間だけ観察すればよいのかを確定しなければなりません。その行動が特定の状況でしか起こらないのであれば（例えば、教師の指示に応じないという行動は、教師が指示を出す時間帯にしか起こらない）、観察すべき時間帯はすでに自然に限定されています。

　その行動がいつでも同じように起こりそうなら、観察時間帯

を分散させるのが最も良いやり方です。例えば、あなたが教師
で、他の生徒のことで忙しく、1日中ある特定の生徒の行動の詳
細なデータを取ることができないが、その行動は1日中起こって
いるとします。1日の中で、その生徒から目を離さず、行動を測
定するために、10分間の観察時間を3コマ選びます。毎日同じ
10分間を使ってもいいですし、もっと幅広いサンプルを得るため
に1日の中でランダムに回してもいいでしょう。この観察時間中
に、その行動に最も適した上記の測定法と適切な記録用紙を使っ
て、普段通りの行動を記録することができます。

　別の測定方法を必要とする行動もあります。以下のような行動
です。

■始まりと終わりがはっきりしない行動（例：ほぼ絶え間ない独語）
■1つ1つカウントするには速すぎる行動（例：手をひらひらさ
　せること）
■1日中絶え間なく生じるのでカウントできない行動（例：絶
　えず鼻歌を歌う）

部分インターバル・タイムサンプル（Partial Interval Time Sample）
　このような行動には、《部分インターバル・タイムサンプル》
と呼ばれる代案があります。この方法を使用する場合、観察時間
は短いインターバルに分割され、観察者は各インターバルの終わ
りに、そのインターバル中に行動が起きたのか起きなかったのか
だけを記録します。例えば、ある生徒がほとんど常に独語してい
る場合、「生徒が独語をした1分間インターバルは1日に何回あ
りますか？」という質問をします。各インターバルでこの行動が
何回起こるかをカウントするつもりはありません。そうではなく、
その時間帯にその行動がいったい起きたのか起きなかったのかだ
けを記録するのです。

この方法を使う上で重要なことは、時間間隔は、行動の生起を確実に捉えられ、行動の変化も確実に捉えられるように適切な間隔にすることです。適切なインターバルを見極めるには練習が必要で、完全なアセスメントのためのインターバルを決定する前に、いくつかの異なるインターバルを試す必要があるかもしれません。あるいは、１日かけて行動の生起間隔を測定し、最も長い間隔を特定することで、どんなインターバルで始めるかを選択することができます。そして、観察インターバルをその時間間隔よりもほんの少し短く設定します。例えば、独語をしない時間が10分を超えたことがない子どもの場合、観察時間を８分に設定します。

　この方法を実行するには、タイマーを購入するか、スマートフォンのタイマーを使って、適切なインターバルにセットします。そして、時間が来たら、そのインターバルの間に問題提起行動が起きたかどうかを、付録Eのタイム・サンプル・データシートに記録します。

瞬間タイムサンプル（Momentary Time Sample）

　頻度のすごく高い行動の場合や、チームメンバーが観察時間中ずっとASD本人を見ていられない場合に有効な同様の方法としては、《瞬間タイムサンプル》と呼ばれるものがあります。この方法でも、適切なインターバルを決めますが、観察者はその間隔の終わりに起こっていることだけを記録するという点で異なります。その行動がインターバルの終わりまでに15回起こったとしても、それは問題ではありません。記録するのは、インターバルが終了した瞬間に起こっていることだけです。

　この方法を用いるには、上述したように、適切なインターバルを選択します。そして、適切なインターバルでタイマーをセット

し、タイマーが鳴ったときに子どもを見ます。その瞬間に行動が起こっているかどうかを記録します。この方法では、いつ観察されているのかが子どもにわからないように、振動式のタイマーを使うのがよいでしょう。

これらの測定方法のそれぞれについて、各観察時間の長さが異なる場合、行動が生起したインターバルの割合を計算する必要があります。これにより、行動の生起を要約するための数値が比較可能になります。

永続的所産（Permanent Product）

行動の最後の測定値は、永続的所産と呼ばれるもので、最も簡単に使用することができます。永続的所産の測定に頼る場合、行動の自然発生的で永続的な記録をアセスメントします。例えば、子どもが書き上げたワークシートの枚数をカウントしたり、生徒が壁にあけた穴の数をカウントしたり、誰かの腕についた噛み跡の数をカウントしたりすることです。この方法の明らかな利点は、行動が完了したずっと後でもデータを記録できることです。したがって、測定を犠牲にすることなく、支援者は安全を確保できます。測定作業に注意を払うことから解放されるため、発生時の行動に注意を払うことができ、特に危険な行動の場合に有利です。

もちろん、この方法は、実際に永続的な所産を残す行動に対してのみ有効です。例えば、永続的所産の測定法で、ロッキングを測定することはできません。対照的に、鉛筆を半分に折ることは、この測定法に適しています。

永続的所産の記録用紙については、付録Fをご参照ください。

ステップ5：ベースラインを確定する

　アセスメントの次のステップは、ベースラインの確定です。ベースラインとは、普段の状態での行動の定量的な測定値です。言い換えれば、ベースラインとは、もし私たちがそれに対処するための特別なことは何もせず、ずっと同じことを続けていたとしたら、その行動はどのようになるか、その実態を意味します。例えば、ジャマールの姿勢や顔のベースラインを確定するために、私たちは何の支援もせずに彼がしていることを単純に測定します。授業中に嫌なことを言う生徒の、その行動のベースラインを確定するためには、その行動の数をカウントすることでしょう。

　ベースラインの確定に関してよくある誤解は、大人が子どもの行動を無視している間に行動を測定するというものです。これでは必ずしもベースラインにはなりません。大人はこれまで子どもの行動を無視していなかったのなら、私たちは行動の自然な状態を測定したことにはなりません。むしろ、無視されている状態での行動を測定していることになります。このことで行動が変わる可能性があります。例えば、アンソニーの両親が突然、アンソニーが頭を叩いてもビーズを与えるのをやめて、その行動を無視するようになったとします。きっとアンソニーの行動は変わるでしょう。もしかしたら、当初は行動が悪化するかもしれません。なぜなら、これまでは強化されてきた行動が強化されないことにイラつくからです。あるいは、頭を叩くのを完全にやめてしまうかもしれません。あるいは、ビーズを手に入れるために何か別のことをするかもしれません。私たちは、このアセスメントから、アンソニーの行動の1つのイメージを得ることでしょう。そして、ベースラインが終了し、両親がその行動を無視するのをやめると、たちま

ちその行動はそれまでとは全く違ったものになることでしょう。

　なぜベースラインを確定することがそれほど重要なのか、不思議に思われるかもしれません。しかし、ベースラインは、次のような重要な質問に答えるものなのです。

1．その行動の全般的なレベルはどの程度か？

　ベースラインの行動を測定することで、チームはその行動がどれだけ強いかを知ることができます。ベースラインを測定することで、ある行動が思ったほど煩わしいものではないことが、チームに分かることはよくあります。時には、非常に心配な行動は1度か2度しか起こらないこともあります。しかし、その行動が人々を動揺させる性質のものであるため、支援が緊急に必要だと思われるのです。ところが、ベースラインのデータによると、その行動は実際には非常にまれなものであり、優先順位は全然高くないことが明らかになるのです。ベースラインを確定することで、低レベルの行動に多大な時間とエネルギーをチームが費やすことを防ぐことができます。

　逆に、ベースラインのデータが、行動の一貫性やレベルの高さを示している場合、懐疑的なチームメンバーに、本当に支援が必要であることを納得させるために役立つかもしれません。次ページのサンプル・グラフは、低レベルの行動を示しています。もしこのグラフが、攻撃行動のような侵害性の高い行動を測定しているとしたら、この低レベルでも高すぎて支援が必要になるかもしれません。しかし、測定されている行動が、鼻歌や爪噛みのように、それほど重大な影響を及ぼさないなら、この行動は非常に頻度が低いので、支援は必要ないかもしれません。

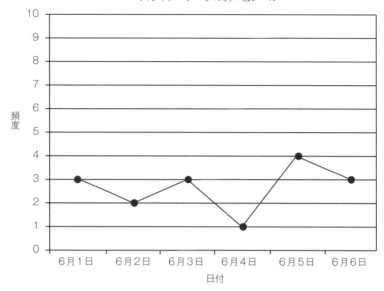

ベースライン・データの例：低レベル

2．その行動は強くなっているのか、弱くなっているのか、あるいは同じままなのか？

　ベースラインを測定することで、行動の方向性を確認することができます。行動が悪化していたり、高いレベルにとどまっていたりする場合は　さらなるアセスメント、そして最終的には支援が必要です。しかし、ベースライン・データから、問題提起行動が自然に解消しつつあることがわかる場合もあります。環境要因がどのようなものであっても、それがまさに、その行動がなくなるために必要なものなのです。この場合、支援策を導入して環境を変えることは、その行動がかえって強くなるかもしれないというリスクを伴います。なぜなら、アセスメントの目的は支援に関して情報を与えることなので、このシナリオでは支援の必要はないということになります。

　時には、行動が弱まっているにもかかわらず、そのペースが遅すぎることもあります。このような場合、チームメンバーは、継続的な改善を妨げるリスクを検討した上で、支援する価値があるかどうかを判断することもあります。行動の方向性を判断するためには、その行動のパターンが現れるのに十分な長さの期間、ベースライン測定を継続する必要があります。よく用いる方法の1つは、3〜5つの《データポイント》を集めることです。つまり、3〜5回に分けて行動を測定することです。しかし、この指針は、その期間内にパターンが明らかになった場合にのみ適用されます。その時点でパターンが明らかになっていない場合は、ベースラインを延長する必要があるかもしれません。

　以下のグラフは、反応が増加していることを示しています。もし、このグラフが問題提起行動のグラフなら、当然支援が必要でしょう。

ベースライン・データの例：増加傾向

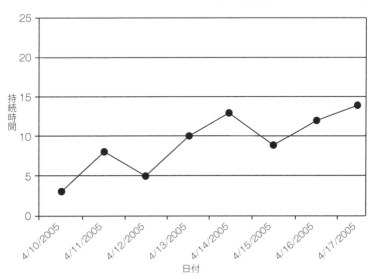

3．その行動は安定しているのか、それとも変化しているのか？

　ベースラインを測定することで、チームメンバーは行動が安定しているかどうかを判断できます。行動のレベルがかなり安定しているか、かなり堅実な成長曲線をたどっている場合、行動に影響を与える要因が設定場面間で一貫していることをチームは確信できます。もし行動が変動していて、非常に強いときもあれば、非常に弱いときもあるということなら、特定の設定場面や状況に特有の何かが行動に影響を与えていることの手掛かりになります。次のようなことが考えられます。支援する前に、変動する行動が安定するまで時間を置くとよいということです。ようやく傾向が見えてきたときには、その行動が減少しているということもあるからです。

　次のグラフは、変動性の高いパターンを示す行動のものです。注意してください。何が起こっているのかを理解するためには、データポイントに名前を付けることが重要です。これにより、最も変動の大きいデータであっても、筋の通ったストーリーを語ることができます。

簡単な方法としては

ベースラインを確定するために、あなたが今までやってきたことをしながら、問題提起行動を測定する。その行動が低強度、低レベルである、あるいは減少していることがわかった場合、その行動がなくなるまで測定を続ける。他の支援は必要ない。行動が非常に変動する場合は、その行動が強くなったり弱くなったりするときに存在する要因を明らかにすることに努める。考えられる要因としては、本人とやりとりしている人、一日の時間帯、薬の変更などがある。

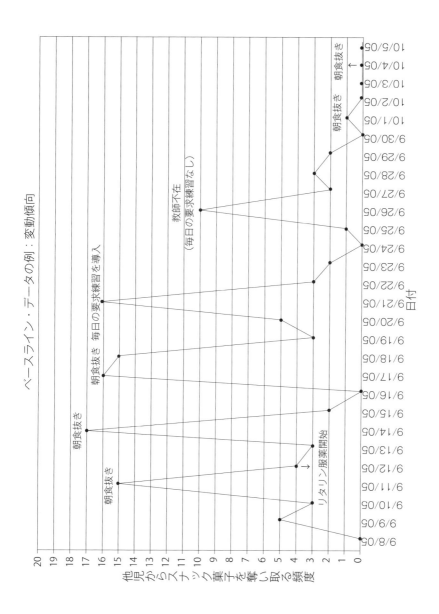

ベースライン・データの例：変動傾向

第5章

誰が何を知っているかを知る

標的にしたい問題提起行動について情報を持っている人を集めて、あなたはチームを結成しています。さて今や、彼や彼女らが知っていることを明らかにする時が来ました。誰かと非公式におしゃべりするだけで十分だと思っているかもしれませんが、構造化インタビューを行わないと、重要な質問を省いてしまう危険性があります。さらに、インタビュー対象者が問題提起行動に集中できるシナリオを作成しないと、インタビュー対象者は、その行動に焦点を合わせて考えるための十分な時間が取れないかもしれません。

ステップ6：チーム・メンバーにインタビューする

機能的行動アセスメントの一環として、誰かにインタビューするときの目標は、行動の1つまたは複数の機能を特定するのに役立つ行動パターンを特定することです。行動がどのように学習されるかを考えれば、インタビュー対象者に何を尋ねるべきかを理解しやすくなります。具体的には、次にあげる種類の情報を得る

のに役立つ質問をする必要があります。

■その行動の直前の先行事象と直後の結果事象は何か。

■以前はアクセスできなかった（または逃避できなかった）が、
その行動を取った後では、アクセスできる（または逃避できる）
ようになったことは何か。

■確立操作が働いているかどうか（その行動は、何か好みのモノ
が長期間遮断状態になった後で生じるのか？　それとも、好ましく
ないモノとの長期間の関わり合いの後に生じるのか？）。

■問題提起行動が生じたときに、報告者が異なると環境条件の
説明も異なるかどうか、あるいは同じ行動パターンが別の場
面でも見られるかどうか。

■本人のコミュニケーションの程度と適切なコミュニケーショ
ンの結果事象。

これらの質問に答えてもらうために、空欄付きの複写可能なイ
ンタビューフォームを以下に用意しました。質問への回答を解釈
するための指針も用意しました。

チーム・メンバーにインタビューするとき、覚えておくべきい
くつかの方針があります。まず、あなたは意見ではなく事実を求
めているのです。アセスメントの目的は、事実に基づいて仮説を
立て検証することです。これにより、より正確で効率的なアセス
メントが可能になります。可能な限り、意見と事実を分けてくだ
さい。たとえば、誰かが「彼は注意を引くためにこれをしている
ことは確かだ」と言う場合、それは明らかに意見です。「そのよ
うに思えた観察結果をいくつか教えてください」や「どうしてわ
かるのですか？」などの事実確認の質問を続けてしましょう。報
告者が「彼がその行動を取るときは、いつでも私が見ているかど
うかをチェックしている」のように回答するなら、それは事実に
近いです。

　意見は、その人の観察を歪め、その結果として報告を歪める傾向があるので、複数の報告者にインタビューすることが重要です。報告者が少ない場合は、インタビューの質問にあなたが答えてください。あなたの回答が他の人からの影響を受けないように、他の人にインタビューする前に、回答するようにしてください。また、インタビュー対象者が、お互いに影響をし合わないように、個別にインタビューしましょう。

　以下の質問を書面の質問票としてではなくインタビューで使用することの利点は、特定の回答に追加質問したり、特定の回答を明確にしたりできることです。しかし、貴重な情報を持っている可能性のあるチーム・メンバー1人1人にインタビューすることは、現実的ではない場合もあります。そのような場合は、回答する質問のリストを質問票として提供してもかまいません。インタビューとして実施する場合、入手可能な情報の量にもよりますが、以下の質問の回答には約30分かかります。

機能的行動アセスメント・インタビュー・フォーム

行動：＿＿＿＿＿＿＿＿＿＿＿＿＿＿＿＿＿＿＿＿＿＿＿＿＿＿

行動の定義：

＿＿＿＿＿＿＿＿＿＿＿＿＿＿＿＿＿＿＿＿＿＿＿＿＿＿＿＿

＿＿＿＿＿＿＿＿＿＿＿＿＿＿＿＿＿＿＿＿＿＿＿＿＿＿＿＿

＿＿＿＿＿＿＿＿＿＿＿＿＿＿＿＿＿＿＿＿＿＿＿＿＿＿＿＿

日付：＿＿＿＿＿＿

インタビュアー（質問する人）：＿＿＿＿＿＿

対象者（質問に答える人）：＿＿＿＿＿＿

インタビュアーへの指示：

1．自己紹介と役割紹介から始めましょう。必要ならば。

2．問題提起行動に名前を付け、インタビュー対象者に問題提起
行動の定義を読み聞かせましょう。インタビューを始める前に、
インタビュー対象者が問題提起行動を見たことがあるかどうか
を確認しましょう。見たことがある場合は、インタビューを進
めます。見たことがない場合でも、問題提起行動を取っている
人に関して別の情報を持っている場合は、「背景情報」と「コミュ
ニケーション・スキル」に関連する質問のみを行いましょう。

3．インタビュー対象者に、すべての質問に答えられるだけの情
報は持っていないかもしれないということを説明しましょう（た
とえば、教師は睡眠パターンに関する情報を持っていないかもしれま
せん）。あなたが予想していない情報を彼らが持っている場合
に備えて、とにかくそれぞれの質問をしましょう。

4．事実と意見を区別するために、可能な限り例を挙げてもらい

ましょう。

背景情報

1. ［　　本人の名前　　　］さんとの関係であなたの役割は何
   ですか？＿＿＿＿＿＿＿＿＿

2. ［　　本人の名前　　　］さんをどのくらいの期間知ってい
   ますか？＿＿＿＿＿＿＿＿＿

3. ［　　本人の名前　　　］さんには一貫したスケジュールが
   ありますか（毎日または時々に）？　＿＿＿＿＿＿＿＿＿

4. はいの場合、説明してください。

   ＿＿＿＿＿＿＿＿＿＿＿＿＿＿＿＿＿＿＿＿＿＿＿＿＿＿＿＿＿

   ＿＿＿＿＿＿＿＿＿＿＿＿＿＿＿＿＿＿＿＿＿＿＿＿＿＿＿＿＿

5. ［　　本人の名前　　　］さんは、このスケジュールを理解
   していますか？ 彼または彼女は、次に何があるか知っていま
   すか？

   ＿＿＿＿＿＿＿＿＿＿＿＿＿＿＿＿＿＿＿＿＿＿＿＿＿＿＿＿＿

   ＿＿＿＿＿＿＿＿＿＿＿＿＿＿＿＿＿＿＿＿＿＿＿＿＿＿＿＿＿

6. このセッティングで、［　　本人の名前　　　］さんが好き
   なもの（モノ、人、活動）は何ですか？

   ＿＿＿＿＿＿＿＿＿＿＿＿＿＿＿＿＿＿＿＿＿＿＿＿＿＿＿＿＿

   a. その好きなものごとを獲得するのは、どのような状況です
      か？

   ＿＿＿＿＿＿＿＿＿＿＿＿＿＿＿＿＿＿＿＿＿＿＿＿＿＿＿＿＿

   b. その好きなものごとに対して自由にアクセスできるのは、
      どのような状況ですか？

   ＿＿＿＿＿＿＿＿＿＿＿＿＿＿＿＿＿＿＿＿＿＿＿＿＿＿＿＿＿

   c. ［　　本人の名前　　　］さんが、その好きなものごとに、
      ほとんどまたはまったくアクセスできないのは、どのような

状況ですか？

_____

d．問題提起行動を見たことがある人に対して：問題提起行動
　は上記の状況のそれぞれで異なりますか？

_____

7．[　　本人の名前　　]さんが、一番嫌いなのは、何ですか（モ
ノ、人、活動）？

_____

a．[　　本人の名前　　]さんが、その嫌いなものごとを
　避けられないのは、どのような状況ですか？

_____

b．[　　本人の名前　　]さんが、その嫌いなものごとを
　避けられるのは、どのような状況ですか？

_____

c．[　　本人の名前　　]さんが、その嫌いなものごとにまっ
　たくさらされることがないのは、どのような状況ですか？

_____

d．問題提起行動を見たことがある人に対して：問題提起行動
　は上記の状況のそれぞれで異なりますか？

_____

8．[　　本人の名前　　]さんが、やりとりを楽しむ友だち
/兄弟姉妹はいますか？

_____

9．[　　本人の名前　　]さんが、やりとりを楽しむ大人は
いますか？

_____

10. 人とのやりとりへのアクセスは、[　　本人の名前　　]
　　さんには、1日を通してどのくらいありますか？

　　_____

11. [　　本人の名前　　]さんは、友だち/兄弟姉妹に好か
　　れていますか？

　　_____

12. [　　本人の名前　　]さんは、大人に好かれていますか？

　　_____

13. [　　本人の名前　　]さんは、難しい課題にはどのよう
　　に反応しますか？

　　_____

14. [　　本人の名前　　]さんは、好きな活動を中断させら
　　れると、どのように反応しますか？

　　_____

15. [　　本人の名前　　]さんは、注意を向けられなくなると、
　　どのように反応しますか？

　　_____

16. [　　本人の名前　　]さんは、誰か他の人にも注意を共
　　有されると、どのように反応しますか？

　　_____

コミュニケーション・スキル

1. [　　本人の名前　　]さんは、自分の欲求とニーズをど
　　のように知らせますか？

　　_____

2. [　　本人の名前　　] さんにとって、最も容易なコミュ
ニケーション手段は何ですか？

＿＿＿＿＿＿＿＿＿＿＿＿＿＿＿＿＿＿＿＿＿＿＿＿＿＿＿

3. [　　本人の名前　　] さんは、どうやってあなたの注意
を引きますか？

＿＿＿＿＿＿＿＿＿＿＿＿＿＿＿＿＿＿＿＿＿＿＿＿＿＿＿

・それに応じて、時間的には何パーセントくらい、注意を向
けますか？＿＿＿＿＿＿＿＿＿＿

4. [　　本人の名前　　] さんは、あなたにかかわりたいと
きには、どのようにしてそのことをあなたに知らせるのですか？

＿＿＿＿＿＿＿＿＿＿＿＿＿＿＿＿＿＿＿＿＿＿＿＿＿＿＿

・そのことで時間的には何パーセントくらい、かかわること
になりますか？＿＿＿＿＿＿＿＿＿＿

5. [　　本人の名前　　] さんは、ほしいモノやしたい活動
があるとき、それをどうやってあなたに知らせるのですか？

＿＿＿＿＿＿＿＿＿＿＿＿＿＿＿＿＿＿＿＿＿＿＿＿＿＿＿

・それに応じて、時間的には何パーセントくらい、そのモノ
や活動を提供しますか？＿＿＿＿＿＿＿＿＿＿

6. [　　本人の名前　　] さんは、どのようにして課題中に
休憩を取ったり、別の課題を要求したりしますか？

・それに応じて、時間的には何パーセントくらい、休憩また
は新しい課題を提供しますか？＿＿＿＿＿＿＿＿＿＿

行動の履歴

1. 初めて問題提起行動に気づいたのはいつですか。

＿＿＿＿＿＿＿＿＿＿＿＿＿＿＿＿＿＿＿＿＿＿＿＿＿＿＿

2．その行動が始まりだした頃にあった変化で、あなたが知って
　いることはありますか？

___

　a．［　　本人の名前　　］さんに新たに要求されたものが
　　ありましたか？

___

　b．［　　本人の名前　　］さんに対する要求は増加しまし
　　たか？

___

　c．要求は除去または削減されましたか？

___

　d．その時、本人と支援者の比率は変わりましたか？

___

　e．その時、その環境に出入りした子どもがいましたか？

___

　f．その時、その環境に出入りした大人がいましたか？

___

　g．その時、注意度に何らかの変化がありましたか？

___

　h．その時、［　　本人の名前　　］さんのスケジュールや
　　活動が変更されましたか？

___

　i．その際、使える材料が変更されましたか？

___

　j．その時、病気でしたか？

___

　k．その時、薬が変更になっていましたか？

___

l．その頃、睡眠パターンに変化がありましたか？

_____

m．その頃、食生活に変化がありましたか？

_____

n．その頃、［　　本人の名前　　　］さんの物理的環境に何か変化がありましたか？

_____

問題提起行動の現在の状態像

1．問題提起行動をどのくらいの頻度で目にしますか？

_____

2．何か他の行動とともに生じやすいですか？

_____

3．問題提起行動が常に生じる特定の状況がありますか？

_____

4．問題提起行動が決して生じない特定の状況がありますか？

_____

5．問題提起行動を生じさせることができますか？「はい」の場合、どのようにして？

_____

6．問題提起行動を予防することができますか？「はい」の場合、どのようにして？

_____

7．状況によっては、問題提起行動が激しくなりますか？「はい」の場合、どんなときに？

_____

8．状況によっては、問題提起行動が穏やかになりますか？「はい」の場合、どんなときに？

_____

9．問題提起行動が多かれ少なかれ生じやすくなる曜日がありますか？「はい」の場合、その曜日の［　　本人の名前　　　］さんのスケジュールで他の曜日と違うところは？

_____

10．問題提起行動が多かれ少なかれ生じやすくなる時間帯がありますか？「はい」の場合、［　　本人の名前　　　］さんのその時間帯のスケジュールは何ですか？

_____

11．問題提起行動が多かれ少なかれ生じやすくなる場面はありますか？

_____

12．一緒にいると問題提起行動が多かれ少なかれ生じやすくなる人はいますか？

_____

13．問題提起行動が多かれ少なかれ生じやすくなる活動はありますか？

_____

14．問題提起行動が生じるときにたいてい周囲にあるものは何でしょうか？

_____

15．問題提起行動が生じるときにたいてい周囲にないものは何でしょうか？

_____

16. 問題提起行動のよくあるトリガー（引き金）に気づきました
か？

_____

17. あなたは通常、問題提起行動にどのように反応していますか？

_____

18. 他の人は通常、問題提起行動にどのように反応していますか？

_____

19. ［　　本人の名前　　］さんを一人にしておくと、問題提
起行動は生じると思いますか？

_____

20. ［　　本人の名前　　］さんが一人で問題提起行動を取っ
ている場面に、あなたは今までに入ったことがありますか？

_____

生理学的考慮事項

1. ［　　本人の名前　　］さんは現在どのような薬を服用し
ていますか？

_____

2. ［　　本人の名前　　］さんは、いつこの薬を服用し始め
ましたか？

_____

3. よくある副作用は何ですか？

_____

4. ［　　本人の名前　　］さんは、なぜこの薬を服用してい
るのですか？

_____

5.［　　本人の名前　　］さんに、何か病気や症状はあります
　か？

　　　　　　　　　　　　　　　　　　　　　　　　　　　　　　

　・「はい」の場合、［　　本人の名前　　］さんの問題提起
　　行動と、その病気や症状の重症度との間に、何らかの関係
　　があることに気づきましたか？

　　　　　　　　　　　　　　　　　　　　　　　　　　　　　　

6.［　　本人の名前　　］さんの睡眠パターンは？

　　　　　　　　　　　　　　　　　　　　　　　　　　　　　　

　・［　　本人の名前　　］さんの睡眠と問題提起行動との
　　間に、何らかの関係があることに気づきましたか？

　　　　　　　　　　　　　　　　　　　　　　　　　　　　　　

7.［　　本人の名前　　］さんの食事パターンは？
　・［　　本人の名前　　］さんの食事と問題提起行動との
　　間に、何らかの関係があることに気づきましたか？

　　　　　　　　　　　　　　　　　　　　　　　　　　　　　　

8.［　　本人の名前　　］さんにアレルギーはありますか？

機能的行動アセスメント・インタビュー・フォーム
解釈ガイド

背景情報

1. ［　　本人の名前　　］さんとの関係であなたの役割は何ですか？

    回答を使用してインタビュー対象者の専門分野を決定する。

2. ［　　本人の名前　　］さんをどのくらいの期間知っていますか？

    回答を使用して、インタビュー対象者の専門知識のレベルを推定する。

3. ［　　本人の名前　　］さんには一貫したスケジュールがありますか（毎日または時々）？

    はいの場合、説明してください。

    ベースライン・データの参考資料としてスケジュールを使う。さまざまな活動が予定されている場合、行動レベルを比較する。また、別々の回答者によるスケジュールの説明を比較する。説明が矛盾する場合、スケジュールはおそらく本人と一緒にいる人によって異なる。

5. ［　　本人の名前　　］さんは、このスケジュールを理解していますか？　彼または彼女は、次に何があるか知っていますか？

    特定の活動の前に問題提起行動が一貫して生じ、おそらくその活動を遅らせる場合、スケジュールを予測できればこの活動を回避している可能性がある。

6. このセッティングで、［　　本人の名前　　］さんの好きなもの（モノ、人、活動）は何ですか？

インタビュー対象者は子どもの好みを知っているか？「いいえ」の場合、本人は好みのものごとへ十分にアクセスできていない可能性がある。また、子どもは好みを伝えることができない場合もある。好みのモノや活動、および他のタイプの刺激を追加することによって、本人の環境を豊かにすると、問題提起行動が減少することがある。

a．その好きなものごとを獲得するのは、どのような状況ですか？

b．その好きなものごとに対して自由にアクセスできるのは、どのような状況ですか？

c．［　　本人の名前　　　］さんが、その好きなものごとに、ほとんどまたはまったくアクセスできないのは、どのような状況ですか？

d．問題提起行動を見たことがある人に対して：問題提起行動は上記の状況のそれぞれで異なりますか？
これらの質問はすべて、環境の豊かさのレベルについて、および好みのモノへのアクセスと問題提起行動との間の関係について、手がかりを与えるために考案されている。子どもは他に何もすることがなくて、自分自身を問題提起行動で「楽しませている」場合、豊かさのレベルが低いことが、自動強化行動と関係しているのかもしれない。好みのモノまたは活動へのアクセスが制限されている状況で、問題提起行動のレベルが比較的高い場合は、自動強化が問題提起行動の機能であるかもしれないということを示唆する。

7．［　　本人の名前　　　］さんが一番嫌いなのは何ですか（モノ、人、活動）？

a．［　　本人の名前　　　］さんが、その嫌いなものごとを避けられないのは、どのような状況ですか？

b．［　　本人の名前　　　］さんが、その嫌いなものごとを避けられるのは、どのような状況ですか？

c．［　　本人の名前　　　］さんが、その嫌いなものごとにまったくさらされることがないのは、どのような状況ですか？

d．問題提起行動を見たことがある人に対して：問題提起行動は上記の状況のそれぞれで異なりますか？

これらの質問はすべて、逃避行動の可能性についての手がかりを与えるために考案されている。また、嫌悪的な状況にさらされ過ぎていることは、豊かな環境が必要だという警告である。支援方法の詳細については、第8章を参照。

8．［　　本人の名前　　　］さんが、やりとりを楽しむ友だち/兄弟姉妹はいますか？

9．［　　本人の名前　　　］さんが、やりとりを楽しむ大人はいますか？

10．人とのやりとりへのアクセスは、［　　本人の名前　　　］さんには、1日を通してどのくらいありますか？

これらの質問は、本人が毎日向けてもらう注意のレベルをアセスメントし、注意が本人にとっての動機であるかどうかをアセスメントすることを目的としている。

11．［　　本人の名前　　　］さんは、友だち/兄弟姉妹に好かれていますか？

12．［　　本人の名前　　　］さんは、大人に好かれていますか？

本人があまり好まれていない場合は、通常、向けられる注意の質や量は低下する。これは、注意によって維持される問題提起行動に関係することがある（つまり、他者から注意を向けてもらうために、問題提起行動を取ることがある）。

13．［　　本人の名前　　　］さんは、難しい課題にはどのように反応しますか？

可能な逃避維持行動をアセスメントするために。

14. ［　　本人の名前　　］さんは、好きな活動を中断させられると、どのように反応しますか？

モノや活動へのアクセスによって維持される行動をアセスメントするために。

15. ［　　本人の名前　　］さんは、注意を向けられなくなると、どのように反応しますか？

注意によって維持される行動をアセスメントするために。

16. ［　　本人の名前　　］さんは、誰か他の人にも注意を共有されると、どのように反応しますか？

注意によって維持される行動をアセスメントするために。

コミュニケーション・スキル

1. ［　　本人の名前　　］さんは、自分の欲求とニーズをどのように知らせますか？

2. ［　　本人の名前　　］さんにとって、最も容易なコミュニケーション手段は何ですか？

3. ［　　本人の名前　　］さんは、どうやってあなたの注意を引きますか？
　　・それに応じて、時間的には何パーセントくらい、注意を向けますか？

4. ［　　本人の名前　　］さんは、あなたと交わりたいときには、どのようにしてそのことをあなたに知らせるのですか？
　　・そのことで時間的には何パーセントくらい、かかわることになりますか？

5. ［　　本人の名前　　］さんは、ほしいモノやしたい活動があるとき、それをどうやってあなたに知らせるのですか？
　　・それに応じて、時間的には何パーセントくらい、そのモノ

や活動を提供しますか？

6. ［　　　本人の名前　　　］さんは、どのようにして課題中に休憩を取ったり、別の課題を要求したりしますか？

　・それに応じて、時間的には何パーセントくらい、休憩または新しい課題を提供しますか？

上記の質問はすべて、欲しいモノを手に入れるための、適切な行動vs不適切な行動の使用の効率性をアセスメントすることを目的とする。コミュニケーション・スキルの不足が明らかになったら、支援は、問題提起行動に直接対処するのではなく、コミュニケーション・スキルを構築することに焦点を当てることになろう。

行動の履歴

1. 初めて問題提起行動に気づいたのはいつですか。

この質問は、この特定のセッティングでその行動が問題とされてきた期間をアセスメントするのに役立つ。複数の情報提供者にインタビューすることで、その行動が最初に生起した場所を特定できる。このことから、機能に関する手がかりが得られるかもしれない。問題提起行動が非常に長く続いているため、いつその行動が始まったかをスタッフが思い出せないということは、支援が奏功するまでには、もっと時間がかかるかもしれないということである。なぜなら、その「脱学習」すべき行動の学習履歴が、それほど長いからである。次のセクションを飛ばして、その次に進みなさい。

2. その行動が始まりだした頃にあった変化で、あなたが知っていることはありますか？

　a. ［　　　本人の名前　　　］さんに新たに要求されたものがありましたか？

b．〔　　本人の名前　　　〕さんに対する要求は増加しましたか？

その行動の逃避機能の可能性をアセスメントするために。

c．要求は除去または削減されましたか？

構造化されていない時間は，自閉症の人にとってしばしば非常に厳しい。したがって，この質問で，自分の時間を埋めることや，静かに座っていることなどを求められることからの逃避に関連する行動をアセスメントする。何もすることがない時間の突然の増加は，自動強化行動の増加に関連していることがある。

d．その時，本人と支援者の比率は変わりましたか？

e．その時，その環境に出入りした子どもがいましたか？

f．その時，その環境に出入りした大人がいましたか？

g．その時，注意度に何らかの変化がありましたか？

これらの質問の目的は，注意に関連する変数をアセスメントすることである。問題提起行動には，好きではない人の注意からの逃避も絡んでいることがある。

h．その時，〔　　本人の名前　　　〕さんのスケジュールや活動が変更されましたか？

i．その際，使える材料が変更されましたか？

これらの質問の目的は，モノや活動に関連する行動をアセスメントすることである。

j．その時，病気でしたか？

k．その時，薬が変更になっていましたか？

l．その頃，睡眠パターンに変化がありましたか？

m．その頃，食生活に変化がありましたか？

これらの質問の目的は，行動に影響を与える生理的要因をアセスメントすることである。これらの生理的要因は，行動の

閾値を変え、いわば「導火線を短くする」ものであったり、自動強化行動と関係したりする。この情報は、特定の問題提起行動が薬の副作用かどうかを明らかにするのにも役立つ。

n．その頃、[　　本人の名前　　]さんの物理的環境に何か変化がありましたか？

この質問の目的は、その人が物理的環境からのある種の刺激に反応しているかどうか、望ましくない感覚から逃避するか、著しく気がそらされることに反応しているかなどをアセスメントすることである。

問題提起行動の現在の状態像

1．問題提起行動をどのくらいの頻度で目にしますか？

これに対する答えは、ベースライン・データとともに、セッティング間の比較を可能にする。

2．何か他の行動とともに生じやすいですか？

これに対する答えは、同じ機能を果たす別の行動についての仮説を可能にする。たとえば、頭を叩くことと手を噛むことが通常一緒に生起する場合、それらは同じ機能を果たす可能性がある。

3．問題提起行動が常に生じる特定の状況がありますか？

4．問題提起行動が決して生じない特定の状況がありますか？

問題提起行動の機能の手がかりとして、各セッティングの特徴を特定する。たとえば、問題提起行動が仕事（勉強）中に常に生起し、休憩中には生起しない場合は、おそらく逃避に関連している。

5．問題提起行動を生じさせることができますか？「はい」の場合、どのようにして？

この回答は、直前の先行事象の少なくとも1つを特定する。

6．問題提起行動を予防することができますか？「はい」の場合、
　　どのようにして？

　　　問題提起行動を予防する要因を特定することで，動機づけの
　　　手がかりが得られる。たとえば，子どもを一人で座らせるこ
　　　とで問題提起行動を予防できれば，その問題提起行動は注意
　　　から逃避したいために生起するのかもしれない。

7．状況によっては、問題提起行動が激しくなりますか？「はい」
　　の場合、どんなときに？

8．状況によっては、問題提起行動が穏やかになりますか？「は
　　い」の場合、どんなときに？

9．問題提起行動が多かれ少なかれ生じやすくなる曜日がありま
　　すか？「はい」の場合、その曜日の［　　本人の名前　　　　］
　　さんのスケジュールで他の曜日と違うところは？

10．問題提起行動が多かれ少なかれ生じやすくなる時間帯があり
　　ますか？「はい」の場合、［　　本人の名前　　　　］さんのそ
　　の時間帯のスケジュールは何ですか？

11．問題提起行動が多かれ少なかれ生じやすくなる場面はありま
　　すか？

12．一緒にいると問題提起行動が多かれ少なかれ生じやすくなる
　　人はいますか？

13．問題提起行動が多かれ少なかれ生じやすくなる活動はありま
　　すか？

14．問題提起行動が生じるときにたいてい周囲にあるものは何で
　　しょうか？

15．問題提起行動が生じるときにたいてい周囲にないものは何で
　　しょうか？

　　　上記の全質問の答えを検討するとき，課題は，問題提起行動
　　　につながる要因とそうでない要因を特定することである。問

題提起行動が起こったときに周りにいた人たちについて検討する。その人たちは、問題提起行動が起こらないときにいた人たちとは何が違うのか？　子どもが課題に取り組んでいるとき、その人たちは良質で豊かな注意を向けていたのか？　その人たちは問題提起行動に対して、より一貫した随伴性（すなわち、強化？弱化？）を提示していたのか？　あるいは、子どもにそれほど多くの要求を課さなかったのか？　子どもに好みのモノや活動へ自由にアクセスできるようにしたのか？　これらの対比事項のそれぞれを観察すると、別の支援につながるだろう。

時に、人が違うと子どもの行動も違うということが、その人の行動によるものではない場合もある。ひょっとしたら、問題提起行動に関係する指導者が、子どもの嫌がる特定の香水を使っているのかもしれない。ある指導者の声が別の指導者の声よりも大きく、それが子どもの逃避行動につながっているのかもしれない。いずれにせよ、問題提起行動に関連する特定の要因を明らかにすることで、支援をいかに導くべきかがわかる。

同様に、問題提起行動に関連する特定の環境要因を明らかにすることが、支援を導いてくれる。問題提起行動が起こる環境と起こらない環境のそれぞれで、照明、匂い、質感、味、温度、密集度、音量などを検討する。問題提起行動が生じるセッティングに共通して存在する要因と、問題提起行動が生じないセッティングには存在しない要因とを取り出せるなら、効果的な支援への道を進んでいることになる。

16. 問題提起行動のよくあるトリガー（引き金）に気づきましたか？

　　直前の先行事象を特定する。

17. あなたは通常、問題提起行動にどのように反応していますか？
    結果事象を特定する。
18. 他の人は通常、問題提起行動にどのように反応していますか？
    結果事象を特定する。
19. ［　　本人の名前　　　］さんを一人にしておくと、問題提起行動は生じると思いますか？
20. ［　　本人の名前　　　］さんが一人で問題提起行動を取っている場面に、あなたは今までに入ったことがありますか？
    子どもが一人で放っておかれたときに問題提起行動が生じるなら、これは自動強化された行動を示唆する——それを止める人がいないために生じた場合を除く（たとえば、クッキーを盗む）。

生理学的考慮事項
1. ［　　本人の名前　　　］さんは現在どのような薬を服用していますか？
2. ［　　本人の名前　　　］さんは、いつこの薬を服用し始めましたか？
3. よくある副作用は何ですか？
4. ［　　本人の名前　　　］さんは、なぜこの薬を服用しているのですか？
5. ［　　本人の名前　　　］さんに、何か病気や症状はありますか？
   ・「はい」の場合、［　　本人の名前　　　］さんの問題提起行動と、その病気や症状の重症度との間に、何らかの関係があることに気づきましたか？
6. ［　　本人の名前　　　］さんの睡眠パターンは？
   ・［　　本人の名前　　　］さんの睡眠と問題提起行動との

間に、何らかの関係があることに気づきましたか？

7. ［　　本人の名前　　　］さんの食事パターンは？

・［　　　本人の名前　　　］さんの食事と問題提起行動との
間に、何らかの関係があることに気づきましたか？

8. ［　　本人の名前　　　］さんにアレルギーはありますか？
これらの質問の目的は、問題提起行動に影響を与える生理学
要因をアセスメントすることである。これらは、人の行動の
閾値を変える──いわば「導火線を短くする」可能性がある。
あるいは、自動強化行動に関連しているかもしれない。この
情報は、特定の問題提起行動が薬の副作用かどうかを明らか
にするのにも役立つ。

サンプル
子どもに対する機能的行動アセスメント・インタビュー

行動：

_____

行動の定義：

_____

_____

_____

作成日：

_____

インタビュアー（質問者）：

_____

対象者（回答者）：

_____

［インタビュアー：子どもの年齢に応じて質問の言い回しを工夫すること］

1.（問題提起行動）を最もよく起こしやすいのはどんな時ですか？

_____

　　a．きっとそうするという時はありますか？

_____

　　b．きっとそうはしないという時はありますか？

_____

2.（問題提起行動）を取ることを我慢するのが最も難しいのはどんな時ですか？

_____

3. あなたが（問題提起行動）を取らないよう手助けするとしたら、私たちには何ができるでしょうか？

_____

4. 何かがあなたにとって難しすぎるということを、どうやって人に知らせますか？

_____

　　・その人たちはどのような対応をしますか？

_____

5. 何かがあなたにとって退屈すぎるということを、どうやって人に知らせますか？

_____

　　・その人たちはどのような対応をしますか？

_____

6. 休憩が必要なことを、どうやって人に知らせますか？

_____

　　・その人たちはどのような対応をしますか？

_____

7. 手助けが必要なときに、どうやって人に知らせますか？

_____

　　・その人たちはどのような対応をしますか？

_____

8. 注意を向けてほしいことを、どうやって人に知らせますか？

_____

　　・その人たちはどのような対応をしますか？

_____

9. スペースが必要なことを、どうやって人に知らせますか？

_____

・その人たちはどのような対応をしますか？

_____

10. したい活動があるということを、どうやって人に知らせます
か？

_____

　　・その人たちはどのような対応をしますか？

_____

11. （問題提起行動）をしたときの気持ちは？

_____

12. あなたの仕事〔勉強、課題〕をどう思いますか？　たいてい、
難しすぎる、簡単すぎる、またはちょうどいい？

_____

13. あなたが良くやったときには、たいてい人は気づいてくれる
と思いますか？

_____

14. 何をするのが好きですか？　いつそれをすることができます
か？

_____

15. 何をするのが一番嫌いですか？　いつそれをしなければなら
ないのですか？

_____

16. あなたの一番嫌いな活動を変えるために、私たちにできるこ
とはありますか？

_____

第6章　観察タイム

第6章

これまで、あなたは児童生徒の一見無意味な行動を調べるのに必要なツールを集めてきました。ついに、これらのツールを使って行動の機能を調べる準備が整いました。具体的には、計画的な観察を行って、作用していそうな、動機づけ操作（MO）や、直前の先行事象、結果事象を特定します。この章では、機能的行動アセスメントでよく使用する観察方法をいくつか説明します。

ステップ7：標的行動を観察する

以下に挙げるのは、手がかりを見つけるのに役立つ観察方法のいくつかです。1回の調査で、これらすべての方法を使用する必要はありません。ただし、それぞれについて知っておくと、採用すべき方法を1つか複数選択できます。ベースラインとインタビューから得た情報を用いて、いつ、どこで、どのように観察を行うかを選びます。たとえば、子どもの問題提起行動がスクールバスで生じることが非常に多いということが、インタビューから分かった場合、スクールバスで観察する必要があります。同様に、

インタビューから、カフェテリアでは問題提起行動が決して起こらないことが分かった場合は、カフェテリアでの観察も必要です。バスでは存在しないのに、カフェテリアでは存在する条件とは何か、を特定するのに役に立つからです。

構造化されていない観察

　この方法は、まさにその名のとおりで、その状況から一歩離れて、その行動をその背景とともに観察するための時間を取るというものです。児童や生徒とやり取りしながら、影響要因を明確に把握するということはほぼ不可能であるため、このように一歩離れることは非常に重要です。

　観察しながら、インタビューに含めたすべての質問を自問し自答してください。たとえば、問題提起行動の直前に何が起きたのか、その行動の直後に何が起きたのかに注目してください。その子が何を望んでいたのか、何を得たのかを確認してください。その行動が起きるときには、いつも誰が周りにいるのか、逆に誰と一緒にいるときに一貫してその行動は起きないのかをメモします。その人たちは、子どもに対してそれぞれ何をするのでしょうか？また、どの活動中にその行動が生起し、その時どんな教材が使われているのでしょうか？そしてその状況は行動に影響を及ぼしているのでしょうか？　そういうことにも注意してください。

　時には、子どもの行動を変えることなく子どもを観察することはできないことがあります（おそらく子どもは、あなたがいるときだけその行動を取るので）。あるいは、その行動がいつものように生起するときに、あなた自身が子どもから離れているためには人手が足らないということかもしれません。このような場合は、ビデオ・カメラをセットし、行動を録画することを検討してください。

後で録画を見れば、撮影時と同じ情報を取得できます。

　驚いたことに、何が起きているのかを、ちょっと覗いてみるだけでも参考になります。多くの場合、行動の機能を明確にするためのパターンが目に飛び込んできます。たとえば、兄弟姉妹が部屋に入って来るたびに、ある行動が一貫して生起するのかもしれません。あるいは、好きな活動をおしまいにするたびに、その行動が生起するのかもしれません。ある種の反応を求めて誰かの顔を見るなど、行動の最中に、子どもがあなたに手がかりをくれることがあります。一貫した結果事象に気づくこともあります。その行動の生起をたくさん観察すればするほど、得られる情報が多くなります。最低でも 10 回程度はその行動を観察するようにしてください。ただし、頻度は低いが深刻な行動についてのガイドラインは、本書第11章「稀ではあるが危険な行動」の項で説明します。

　構造化されていない観察は、行動の機能に関して仮説を立てるのに最適な方法です。いずれの機能的行動アセスメントにおいても、最初のステップとして、構造化されていない観察に時間を費やすべきです。しかし、展開する仮説を肯定または否定するためのデータ収集ではないので、アセスメントを完了するまでに、この観察法と組み合わせて、常に別の観察法も使わなければなりません。

　観察を実施する際に役立つもう 1 つのヒントは、その子どもの同級生に関しては何が起こっているかに注意を払うことです。例えば、休み時間に ASD の子どもが何もせずにうろうろしていたら、周りを見渡して他の子どもも同じことをしているかを確認しましょう。もししているなら、その行動は、その自閉症の子どもよりも、観察時の環境や文化について、もっと多くを語っているかもしれず、あなたの支援は、その文化を変えることに焦点を合わせるべきです。同様に、職場で仕事に集中していない行動を観

察することがあります。あなたが観察している人は少しうろうろしているかもしれませんが、同僚もうろうろしているなら、それはその環境の副産物であるかもしれません。

構造化された観察

　構造化されていない観察をして行動の機能に関する情報を得ることに加えて、行動を非常に体系的に観察することがしばしば非常に有用です。構造化された観察に用いられる主な観察ツールには、次のものがあります。

■散布図データ収集
■A-B-Cデータ
■記述分析

散布図データ収集（Scatter Plot Data Collection）

　散布図は、Paul E. Touchette ら（1985）によって開発された全体的なデータ収集手順です。散布図は、インターバル記録法であり、1日の特定の時間帯に標的行動が生起するかどうかが判断できます。このデータにより、親と支援者は、観察対象の行動の生起に時間帯がどの程度影響しているかを判断できます。散布図データは通常、問題提起行動のパターンが現れるまで、数日または数週間にわたって収集します。

　散布図は一般的には、1日の間に時間帯ブロックを設けてグリッド形式で表します（以下の例を参照）。

　散布図を作成するときには、データ収集者は、標的行動が生起した時間帯のブロックに印をつけるだけです。

　130ページの例では、問題提起行動が生起した時間帯の欄は塗りつぶしています。数週間の間に、問題提起行動が最も頻繁に

生起するのは、平日の9:00a.m.と10:00a.m.の間と、2:30p.m.と3:30p.m.の間であることがわかります。この結果から分かることは、登校時と下校時に課題がありそうだということです。

　散布図は、問題提起行動の引き金となっているかもしれない環境事象に関して、その情報を収集するための便利なツールです。これは、問題提起行動を引き起こす特定の先行事象に関して、その情報を必ずしも提供してくれるわけではありませんが、問題提起行動が生起する環境に関して有用な情報を提供してくれます。

散布図フォーム見本

始	終	月	火	水	木	金	土	日	月	火	水	木	金	土	日	月	火	水	木	金	土	日
8:00	8:30																						
8:30	9:00																						
9:00	9:30																						
9:30	10:00																						
10:00	10:30																						
10:30	11:00																						
11:00	11:30																						
11:30	12:00																						
12:00	12:30																						
12:30	13:00																						
13:00	13:30																						
13:30	14:00																						
14:00	14:30																						
14:30	15:00																						
15:00	15:30																						
15:30	16:00																						
16:00	16:30																						
16:30	17:00																						
17:00	17:30																						
17:30	18:00																						
18:00	18:30																						
18:30	19:00																						
19:00	19:30																						
19:30	20:00																						

問題提起行動の散布図の例

始	終	月	火	水	木	金	土	日	月	火	水	木	金	土	日	月	火	水	木	金	土	日
8:00	8:30																					
8:30	9:00																					
9:00	9:30	■			■	■			■	■	■	■	■			■		■	■	■		
9:30	10:00		■									■					■					
10:00	10:30																					
10:30	11:00																					
11:00	11:30																					
11:30	12:00											■										
12:00	12:30																					
12:30	13:00																					
13:00	13:30				■																■	
13:30	14:00																					
14:00	14:30																					
14:30	15:00				■	■		■	■							■	■					
15:00	15:30	■		■	■	■		■	■	■						■	■	■	■			
15:30	16:00																					
16:00	16:30																					
16:30	17:00														■							
17:00	17:30																					
17:30	18:00				■									■								
18:00	18:30																					
18:30	19:00																					
19:00	19:30																					
19:30	20:00																					

A-B-Cデータ

A-B-Cデータは、"Antecedent-Behavior-Consequence"（先行事象-行動-結果事象）の略です。ご想像のとおり、A-B-Cパターンを特定する目的は、問題提起行動に関して、まさに何が学習されたのかについての仮説を立てることです。先行事象をくつがえす結果事象を特定することで、行動の機能を特定できます（たとえば、A=教師が生徒から離れる、B=問題提起行動、C=教師が生徒のところに

戻って再指示する)。同様に、先行事象と結果事象との間の一貫した組み合わせを特定することにより、その行動のS^D（弁別刺激）として作用する事象を特定することができます。たとえば、おばあちゃんがやって来ると、キャンディがほしくていつも泣き、そしてキャンディをもらえるという子どものことを想像してみてください。この子どもにとって、おばあちゃんは、キャンディを入手できることの合図となるS^Dでしょう。次ページの例を検討して、表の空白部分を埋めてください。

　その例では、各先行事象は個々別々の事象であることに注意してください。直前の先行事象は、行動が生起するときの環境内の変化です。これらの事象は、EO（確立操作）の引き金となるか、問題提起行動のS^Dとなるかでしょう。

　A-B-Cデータの収集に不慣れな人は、先行事象を特定するのではなく、セッティングまたは進行中の活動を説明するという間違いをよく犯します。たとえば、例5の場合、先行事象が「お母さんとの遊び」と記載されていたとしたら、行動の機能はあまり明確にはならなかったでしょう。例1の場合、先行事象が「教室」と記載されていたとしたら、行動の機能はあまり明確にはならなかったでしょう。行動に先行する環境内の関連性のある個々の変化を特定することは難しい場合がありますが、そうすることで、はるかに明確なアセスメント情報が得られます。練習すれば、これらの個々の先行事象を特定することが容易になります。

　観察者が、セッティング、進行中の活動、および直前の先行事象を区別しやすくするために、これらの各カテゴリーを巻末付録G〔229ページ〕のA-B-Cデータシートに入れました。このシートは、チェックリスト形式のものもあり〔133ページ〕、あらかじめカテゴリーが書かれており、データ収集者は□にチェックを記入するだけです。これは、データ収集プロセスに慣れていない人

先行事象・行動・結果事象および考えられる機能の例

例番号	先行事象	行動	結果事象	考えられる機能
1	「勉強の時間です」	ミアは机を拳で叩く	廊下でのタイムアウト	課題からの逃避
2	クラスメートがやってきて挨拶する	ミアは机を拳で叩く	クラスメートは立ち去る	クラスメートとのやり取りからの逃避
3	一人、要請もない、具体的な活動もない	ミアは机を拳で叩く	一人、要請もない、具体的な活動もない	自動強化
4	一人、要請もない、具体的な活動もない	ミアは机を拳で叩く	ブラッシング・ケアに回される	自動強化；ブラッシングへのアクセス
5	ママはミアとの遊びを中断して、鳴っている電話に出る	ミアは机を拳で叩く	ママは、問題提起行動に対処するために電話を切る	注意獲得
6	クラスメートが別のクラスメートにあいさつする	ミアは机を拳で叩く	クラスメートは笑い、ミアに微笑む	
7	インストラクターは「こうしなさい」と言って、模倣のためのモデルを提示する	ミアは机を拳で叩く	インストラクターはミアを制止する	
8	父はライトを消して「おやすみ」と言う	ミアは机を拳で叩く	暗い部屋に一人でいるミア	

答え：6．クラスメートからの注意獲得；7．課題からの逃避、身体的注意の獲得；8．自動強化

A-B-Cデータシート　　　　　　　　　　　　　　日付：

日時	セッティング	先行事象	行動	結果事象
	□宿題 □余暇 □食事 □その他 ＿＿＿＿＿	□課題の提示 □エラー修正 □「ダメ」と言われた □好きな活動を止められた □誰もそばにいない □トランジション □その他 ＿＿＿＿＿	□不適切な言葉 □攻撃行動 □混乱 □かんしゃく □その他 ＿＿＿＿＿	□叱咤激励・説得される □無視される □勉強からの解放/休息 □勉強させられる □アクセスを拒否される □その他 ＿＿＿＿＿
	□宿題 □余暇 □食事 □その他 ＿＿＿＿＿	□課題の提示 □エラー修正 □「ダメ」と言われた □好きな活動を止められた □誰もそばにいない □トランジション □その他 ＿＿＿＿＿	□不適切な言葉 □攻撃行動 □混乱 □かんしゃく □その他 ＿＿＿＿＿	□叱咤激励・説得される □無視される □勉強からの解放/休息 □勉強させられる □アクセスを拒否される □その他 ＿＿＿＿＿
	□宿題 □余暇 □食事 □その他 ＿＿＿＿＿	□課題の提示 □エラー修正 □「ダメ」と言われた □好きな活動を止められた □誰もそばにいない □トランジション □その他 ＿＿＿＿＿	□不適切な言葉 □攻撃行動 □混乱 □かんしゃく □その他 ＿＿＿＿＿	□叱咤激励・説得される □無視される □勉強からの解放/休息 □勉強させられる □アクセスを拒否される □その他 ＿＿＿＿＿
	□宿題 □余暇 □食事 □その他 ＿＿＿＿＿	□課題の提示 □エラー修正 □「ダメ」と言われた □好きな活動を止められた □誰もそばにいない □トランジション □その他 ＿＿＿＿＿	□不適切な言葉 □攻撃行動 □混乱 □かんしゃく □その他 ＿＿＿＿＿	□叱咤激励・説得される □無視される □勉強からの解放/休息 □勉強させられる □アクセスを拒否される □その他 ＿＿＿＿＿
	□宿題 □余暇 □食事 □その他 ＿＿＿＿＿	□課題の提示 □エラー修正 □「ダメ」と言われた □好きな活動を止められた □誰もそばにいない □トランジション □その他 ＿＿＿＿＿	□不適切な言葉 □攻撃行動 □混乱 □かんしゃく □その他 ＿＿＿＿＿	□叱咤激励・説得される □無視される □勉強からの解放/休息 □勉強させられる □アクセスを拒否される □その他 ＿＿＿＿＿

に、A-B-Cデータの収集を依頼する際に役立ちます。あらかじめ定義されたカテゴリーを作って、チェックするだけでよいようにして、何を記録し、何を記録しないかの判断は、私たちが行います。その結果、経験やトレーニングが少ない人でもデータを収集できます。おまけに、このチェックリスト形式は、書き込みにかかる時間を節約し、より詳細な観察を可能にしてくれます。

　私たちの例は、あなたの役に立つかもしれないサンプルです。あなた独自のニーズに合わせてカスタマイズしたカテゴリーを使用して、独自の書式を自由に作成してください。

　A-B-Cデータに不慣れな人がよく犯すもう１つの誤りは、あまりにも少ないA-B-C系列から結論を引き出してしまうことです。ある行動に特定の機能があることを示すには、A-B-Cデータがパターンを繰り返していることが明らかになる必要があります。A-B-Cデータにおける顕著なパターンを特定しやすくするために、データシートの下部に、考えられる各機能が生起した回数の合計を記入します（付録G）。考えられる機能の１つが他の機能よりもはるかに頻繁に生起する場合は、それが行動に影響を与えていることを示唆する根拠となります。

　可能であれば、複数の人にA-B-Cデータを収集してもらい、考えられる機能についてデータを評価しましょう。残念ながら、最近の研究結果では、A-B-Cデータを別々の人が評価する場合、常に結果が一致するとは限らないようです（Kwak, Ervin, Anderson & Austin, 2004）。ということは、同じデータセットでも評価者が異なると解釈も異なる可能性があるということです。他の人にあなたのデータを検討してもらうことができ、あなたの評価に同意してもらえたら、あなたの評価結果は特に説得力のあるものになります。それでもなお、別の観察方法であなたの評価結果を確認してみることがベストです。

　ABC象限分析：私たちがクライアントに使用している ABCデータの分析方法の１つは、ABC象限分析（ABC-QA）と呼ぶものです。この方法を用いて、問題提起行動の結果として、本人の環境でまさしく何が変化したかを体系的にアセスメントします。環境内の特定の変化が問題提起行動と同時発生する頻度を計算することにより、考えられる機能が分かります。現在、私たちは、この方法を実験的に研究して、複数の評価者の評価が実際に一致しやすくなるかどうか、および結果が実験的測定で明らかにしたものに近いかどうかを立証しようとしているところです。

　ABC-QA を用いるとき、問題提起行動の考えられる機能を１つ選択してください。例として注意獲得を取り上げましょう。次に、注意に関連する４つの象限（またはセクション）の表を描きます。行動の前後の注意に関して、本人に何が起きたかを記入してください。以下の例を参照してください。

検討しているタイプの注意を子どもは獲得していますか（例えば、強力な身体的注意）？

	行動の前には、Yes	行動の前には、No
行動の後には、Yes	第１象限	第２象限
行動の後には、No	第３象限	第４象限

　収集した ABCデータから、考えられる機能について一度に１つ表の象限にプロットします。たとえば、132ページのミアのサンプル・データでは、最初の事象で、ミアは問題提起行動の前には注意を獲得していました（先生が要求を出しました）が、問題提起行動の後には注意を獲得していませんでした（タイムアウトで一人になりました）。したがって、「正」の字の１画を第３象限に書き込みます。２番目の事象では、ミアは問題提起行動の前にはやはり注意を獲得（クラスメートが挨拶）していましたが、問題提起

行動の後には注意を獲得しませんでした（クラスメートは立ち去った）。「正」の字をもう１画第３象限に書き込みます。データの残りに関して、ほとんどの反応パターンが第３象限に分類されるなら、ミアは他者とのやりとりを回避するために問題提起行動を用いていると考えられます。

　対照的に、観察した問題提起行動の事例の大部分が第１または第４象限に分類されるなら、注意獲得は行動の機能ではなさそうです。問題提起行動の事例の大部分が第２象限に分類されるなら、問題提起行動は、本人が注意を獲得するのに役立っているようです。親が電話に出るたびに、大騒ぎする子どものように。

	行動の前には Yes	行動の前には No
行動の後には Yes	第１象限 一	第２象限
行動の後には No	第３象限 正	第４象限 丁

記述分析（Descriptive Analysis）

　記述分析では、さまざまな自然発生条件下での行動の強さを比較します。この方法を使うにあたっては、観察者は制御要因を素早く認識する必要があります。観察者は、以下の各質問に対する答えを瞬間的に識別できなければなりません。

　１．本人は要求されていますか？

　２．本人は注目されていますか？

　３．望みのアイテムや活動へのアクセスが、本人には制限されていますか？

　日々の子どものルーチンに関する情報を活用して、次の４つの条件下での観察時間を計画するとよい場合があります。

1．要求度が高い

2．注目度が低い

3．好きなモノへのアクセスが制限されている

4．好きなモノや注目に自由にアクセスできる

　これが不可能な場合でも、心配する必要はありません。また、いつでも観察して、上記のどの条件が揃っていたかを整理することができます。

　観察したい状況（例えば、低注目度、高要求度、アクセス制限）が自然に生じない場合があります。もしそうなら、これらの状況を設定するために、子どもとやりとりしそうな大人に依頼しなければならないかもしれません。ただし、このことは、これらの条件が満たされることを保証するものではないことに注意してください。たとえば、生徒に要求を出すよう教師に依頼することはできますが、課題からはずれた行動によって、その要求が狂わされるかもしれません。あるいは、教師は、無視しているはずの生徒に、常に視線を送っていることもあります。

　これらの観察結果は、子どもの行動がその環境に与える影響と、その環境内の他者からの子どもへの反応の仕方、その両方に関するあなたのアセスメントに対して非常に貴重な情報を提供してくれます。観察して、どのような条件が揃っているかを判断しましょう。

　次に、観察者は自分の測定ツールを使用して、各条件下での行動の強さを記録します（行動の測定については、第4章を参照してください）。各条件下での行動の平均強度を計算することにより、観察者は行動の機能が何であるかについての根拠を収集します。たとえば、誰かがある種の要求を本人に課したときに、ある行動が生起する可能性がとても高い場合、その行動はその種の要

求からの逃避として機能する可能性があります。その人が注意を向けてもらえていないときに、その行動がより頻繁に生起する場合、その行動は注意獲得として機能する可能性があります。欲しいモノへのアクセスが制限されているときに、その行動が生起する場合、その行動はそれを獲得する機能を果たす可能性があります。

　データを解釈するときに、条件つき確率（conditional probability）と呼ばれるものを計算することができます。条件つき確率を計算するには、問題提起行動のエピソードの総数を数えます。次に、特定の先行事象と結果事象が問題提起行動のエピソードの前後に生じる確率を計算します。たとえば、行動のエピソードを20回観察したとしましょう。これらのエピソードのうち15回は、本人への要求が先行し、4回は好きなモノや活動へのアクセス制限が先行していました。問題提起行動に先行する要求提示の条件つき確率は75％（15÷20）になります。アクセス制限が問題提起行動につながる条件つき確率は20％（4÷20）となります。結果事象の条件つき確率も同じやり方で計算します。たとえば、これらの20のエピソードのうち14のエピソードの後に、短い休憩が続いたと仮定します。つまり、問題提起行動の結果事象として生起する休憩の条件つき確率は70％です（14÷20）。

　時には、ある行動が条件全体でほぼ同等に生起することがあります。この場合、その行動は実際にいずれの機能も果たしているか、あるいは、その行動はその人にとっては自動強化の機能を果たしているかです。それを確かめるには、一人でいるときの様子を観察してみることです。一人でいるときにその行動が頻繁に生起する場合は、その行動は自動強化機能を果たしている可能性が高いのです。外部環境で変化しているものは何もありませんが、行動はとにかく生起するのです。その行動の直前の先行事象と強化子は、内部環境で生じています。そしてまた、一人でいるときには

行動が生起しない場合は、本人のコミュニケーション・スキルは
どうかや、適切な要求は強化されているかどうかを検討してみま
しょう。

　本人のコミュニケーション・スキルを伸ばす必要がある場合、
あるいは本人からの適切な要求が強化されそうにない場合、また
はその両方の場合、その一見無意味な行動は複数の機能を果たし
ている可能性があります。

　観察と解釈のプロセスを簡素化するために、記述分析データ
シートを付録H（230ページ）として付けました。

第7章　仮説の検証

前章で説明した方法で観察したら、あなたは本人の行動の機能について、いくつか仮説を立てたでしょう。あるいは情報に基づいて推測したでしょう。今や、その仮説が正しいかどうかを検証する時です。仮説を正確に検証するためには、環境に変化を与えて、何が"行動をオンにする"のか、何が"行動をオフにする"のかを確認します。本章では、問題提起行動の一因となっている可能性のある要因を分離するのに役立つ、体系的な科学的手順について説明します。これらの方法によって、自然に起こる行動を記録して分類するだけでなく、実際に問題提起行動を誘発し、場合によっては強化することも試みます。

あまり複雑ではない行動に対しては、まず**先行操作**を試してみることでたいてい十分です（下記参照）。このアセスメント方法は正しく実施するのが簡単で、短時間で完了でき、ほとんどの問題提起行動に対処するのに十分な情報を提供してくれます。より複雑な行動に対しては、**機能分析**が必要になるかもしれません。これはアセスメント・ツールの《ゴールド・スタンダード》であり、きわめて不可解な問題提起行動にも光を当てることができます。

しかし、この方法は複雑で、問題提起行動の多くを誘発し、さらに強化することが必要となるため、少なくとも最初の2、3回は、この方法を実施するために専門家の助けが必要でしょう。

　重要なことは、行動を誘発する（行動が起こりそうなシナリオを設定する）テクニックを使用する前に、関係者全員の安全を考慮することです。最初に必要な予防措置を取らずに、危険な行動を誘発することはしないでください。例えば、危機管理の訓練を受けた専門家に立ち会ってもらうなどの徹底した対策が必要かもしれませんし、行動がエスカレートしてもすぐに出られるように保護者をドアの近くに座らせるなどの簡単な対策が必要かもしれません。

仮説検証を始める前に

　仮説を検証する際には、「すぐにでも試してみたい」と思うことが多いものですが、そのためにはいくつかのステップを踏んで準備をすることが重要です。準備ができていれば、成功の可能性も高まります。

　誰かの助けを借りる：先行操作や機能分析を一人で行うのは難しいものです。アセスメント・プロセスの開始時に結成したチームに、仮説検証の設計と実施を手伝ってもらうべきです。このチームには、コンサルタント、子ども研究チームのメンバー、あるいは教室のスタッフが含まれます。仮説検証は、アイデアを出し合ったり、同僚としてアイデアを検討したりするために、グループで行うのが最良です。

　同意を得る：いかなる種類の系統的なアセスメントもそれを

実施する前に、関連する保護者から書面による同意を得る必要が
あります。許可なく先行操作や機能分析を行うべきではありませ
ん。同意書には、使用する手順の説明を含めなければなりません
（同意書の例は、232ページの付録Ⅰを参照してください）。

　観察データを活用する：条件を設定する際には、観察から得た
情報をもとに具体的な内容を決めていきましょう。例えば、その
人にとって難しい要求や、その人が嫌だと感じる刺激を特定でき
るかもしれません。そして、要求から逃避するために問題提起行
動を使うかどうかを検証することができます。また、注意を得る
ために問題提起行動を起こすかどうかを検証する際に、本人が好
む注意の種類（例：叱責、なだめる言葉、身体接触）や具体的なモノ
の種類を特定することも役立ちます。

　条件を設定し、手順を書き出す：観察がある程度済んだら、条
件を設定する準備をすべきです。条件を設定する際には、できる
だけ普段の環境に近い状態にすることが重要です。そうすること
で、本人がこれを新しい状況と認識して行動を変えるのを防ぐこ
とができます。例えば、その行動がいつも算数の時間に生じ、算
数の授業はいつも昼食後すぐにある場合、急に朝一番に算数に取
り組み始めないようにします。また、できることなら、いつもと
は違う教師がいつもとは違う部屋で算数を教えることのないよう
にしましょう。
　そして、条件の長さを選択することができます。一般的なルー
ルとして、問題提起行動が頻繁に起こる場合（例えば、1分間に数回）、
セッションを短くすることができます。問題提起行動の発生頻度
が低い場合は、問題を効果的に捉えるためにセッション/観察時
間を長くする必要があります。

設定が決まったら、手順を書き出すべきです。これは、アセスメント終了後に他の人に手順を説明したり、適切な文書を提供したり、必要に応じて将来の分析に役立てたりする上で有用です。

先行操作（Antecedent Manipulation）

第6章で述べた記述分析と同様に、先行操作では、異なる環境条件での行動の強さを比較します。しかし、記述分析とは対照的に、先行操作では、事象が自然に起こるのを待つのではなく、観察するための状況を作り出すことになります。したがって、先行操作を行うためには、観察者が積極的に異なる条件を設定して評価を行う必要があります。

先行操作を使うと、非構造化観察や記述分析の際に立てた仮説を検証することができます。簡単に言えば、本人を異なる条件や状況にさらして、問題提起行動を取るかどうかを見るのです。先行操作を使用する場合、問題提起行動に対して系統的な反応はしません。これらの手順を使用する際には、問題提起行動が生じやすい状況と生じにくい状況を設定することが重要です。設定する条件には以下のようなものがあります。

1. ほとんどあるいはまったく注意注目されない：この条件では、あなたは、本人が好むタイプのやりとり（例：いないいないばあ、くすぐり、会話など）に本人を参加させ、その後本人から離れたり、他の人とのやりとりを始めたりします（注意の分散）。本人がどのようなタイプの注意を好んでいるかを確認することが重要です（例：好ましい話題について話す、身体的な注意）。

2. アクセスを制限する：この条件では、とても好きなモノや活動へのアクセスを制限します（例：好きなビデオを消

す、パソコンでゲームをさせない、好きなおもちゃを取り上げる）。
場合によっては、制限される活動が行動であることもあり
ます（例：物を並べる、独語する）。

3．嫌悪的な刺激：この条件では、本人が好まない活動（例：
学業上の要求、他者からの要求、騒音、特定の人との接触）をさ
せます。

　どのような条件を選んで検証するにしても、《対照》条件も含
めたいと思うでしょう。この《対照》条件は、他の条件との対比
になります。言い換えれば、問題提起行動が見られないような条
件を設定したいということです。

1．高水準の注意：この条件では、本人が好む形の注意（例：
相手に話しかける、叱責する、身体的に接触する）にアクセス
できるようにします。

2．モノや活動へのアクセス：この条件では、本人が好むモノ
や活動、行動に自由にアクセスできるようにします。

3．嫌悪的な刺激がない：この条件では、本人があらゆる嫌悪
刺激（例：勉強、社交的要求、騒音、特定の人）を回避できる
ようにします。これは機能的には休憩です。

　データの収集と解釈：以下は、先行操作データシート、あるい
いは AB機能分析データシートの記入例です（このデータシートの
原版と、先行操作の効果をアセスメントするための先行操作データシー
トは、付録 J と K にあります）。意図的に作った状況（例：注意、無
注意）ごとに、各セッションで生起した標的行動の量を集計します。
例えば、次ページのデータシートでは、生徒が高率で注目された
ことを確認した10分間があったことがわかります。その10分間に、

問題提起行動が 5 回生じました。対照的に、後の 10 分間、生徒は注意を向けられず、問題提起行動は 4 回生じました。これはあまり大きなコントラストではありません。しかし、生徒が 10 分間好きなモノにアクセスできなかった場合（43回）と、好きなモノにアクセスできた場合（8回）では、問題提起行動が生起する頻度に非常に大きな差がありました。

　条件の正確な長さをコントロールできない場合もあるでしょう。以下の例では、生徒に完了してほしいと思っていた課題を、実際に完了するのに 20 分かかったとします。時間を記録することで、問題提起行動を 1 分あたりの率に変換して、ある時間帯のセッションと別の時間帯のセッションを比較することができます。「課題あり」対「課題なし」の比較では、14回の問題提起行動と 4 回の問題提起行動との比較はしていません。これでは、時間が長くなれば、問題提起行動の回数も多くなる（20分対10分）と予想されるため、意味がありません。14 を 20 で割って、課題実行中の 1 分あたりの行動の割合を 0.7 とし、それを 0.4（4 回を 10 分で割ったもの）と比較するのです。各条件で複数回の観察を行うべきです。

AB機能分析データシート

時間	注意あり	注意なし	好きなモノや活動へのアクセスあり	好きなモノや活動へのアクセスなし	課題あり	課題なし
10分	5					
10分						4
20分					14	
10分		4				
10分			8			
10分				43		

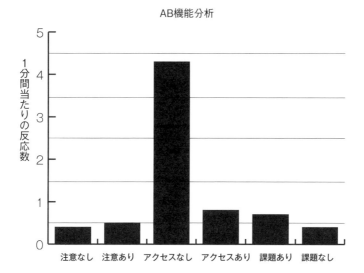

この数字を上図のように棒グラフにすると、解釈がしやすくなります。

このグラフにまとめられたデータは、好きなモノや活動へのアクセスが制限されると、問題提起行動が高率で生じることを示しています。この仮説は、好きなモノへのアクセスが可能な場合には、問題提起行動の生起率が低いという事実によって補強されます。

先行操作は、問題提起行動の機能に関する仮説を検証する際に有用なツールです。記述アセスメントを用いるときよりもコントロールしやすくなるため、行動の機能を特定できることに自信を持つことができます。

機能分析（Functional Analysis）

機能アセスメントの階層の中で最も高度な手順が機能分析です。機能分析を行う際には、先行事象（問題提起行動が生じる前の環境）

と結果事象（問題提起行動への対応）の両方を操作して、標的行動が最も起こりやすいタイミングを確認します。機能分析を行う際には、普段の環境で起こることとよく似た条件や設定をデザインします。しかし、普段の環境で起こることとは異なり、機能分析では一度に１つの要因をテストします。例えば、「注目されたいがために攻撃的になっている」という仮説を立てた場合、攻撃的になったら注目するようにします。そうすれば、注意を自由に引ける条件（すなわち、対照条件／おもちゃ遊びの条件、後述）と比べて、攻撃がより頻繁に起こるかどうかを確認することができます。

機能分析の条件

　機能分析の条件は本人のニーズに合わせて調整しますが、最もよく使用される条件が５つあります。そのうちの２つは、本人にもたらされる結果事象をテストするもので、1）注意、2）好きなモノや活動です。3）は、勉強や他者からの要求など、何かを取り除くことになる結果事象をテストするものです。4）は、本人を一人にしたり無視したりすることで、自動強化に関してテストします。最後に、5）《対照》条件は、他の条件との対比を目的としています。これは、問題提起行動が見られそうにない条件ということです。

　これらの条件がどのようなものか、以下にもっと詳細に説明します。

注意条件

　注意条件をテストする前に、いつものように、好みの形の注意（言語的／身体的な注意）を１〜２分間提供し、本人があなたの注意

を求めていることを確認します。そして、セッションの開始時に、本人から注意をそらす行動をとります（例：本を読む、携帯電話を耳に当てるなど）。問題提起行動が生じたら、20～30秒間、本人とやりとりをします（例：「私を叩かないで！」「どうして自分の頭を叩くの！」など）。

　観察してデータを記録する人は、できるだけこっそりと行います。視野の隅で見るようにしたり、相手に見られているのがわかったらすぐに目をそらしたりしましょう。部屋に窓があったり、テレビがついていたりすれば、窓の外を見ているふりをしたり、テレビを見ているふりをしたりして、しかし実際はその角度から子どもを見ることができるような体勢をとるようにします。観察の際には、子どもに何も要求せず、子どもが好きなモノや活動にたくさん触れることができるようにしてください。そうすることで、他の動機をある程度コントロールすることができます。

　対照条件（下記参照）に比べて、この条件での問題提起行動の生起率が高い場合、その行動は注目を得るためのものである可能性があります。

具体物条件

　具体物条件の開始に先立ち、1～2分間、とても好きなモノや活動へ子どもがアクセスできるようにします。あるモノに子どもが興味を持ったら、それを取り上げてみましょう。できれば、見えるけれども手の届かないところに置きます。「電池が切れている」とか、「音がうるさい」とか、何らかの理由で「後々のために取っておきたい」などと告げてください。欲しいモノが手の届かないところにある間は、注意をたっぷり向け、要求はしません。これで、他の動機をある程度コントロールすることができます。

ASD の有無にかかわらず、それを辛抱強く待ち、代わりに別のモノを見つけたり、社交的なやりとりをしたりする人もいますし、おもちゃを手に入れようとして問題提起行動を取る人もいます。もし好きなモノや活動にアクセスする手段として問題提起行動を使っているのであれば、取り去られたモノを取り戻そうとして問題提起行動を取ることが予想されます。問題提起行動を取った場合は、20〜30秒間はおもちゃを戻してあげます。

　この条件で、対照条件に比べて問題提起行動の生起率が高ければ、その人の問題提起行動は、具体物を手に入れることで維持されていることがわかります。

要求条件

　要求条件では、難しい学習上の要求（例：書く課題、微細運動活動）や、嫌がられるその他の要求（例：掃除、セルフケアなど）を出します。もしあなたの観察データから、本人が何か特定のモノ（例：嫌いな食べ物や音）を避けるために問題提起行動を取っている可能性がある場合は、その嫌悪刺激をこの条件に使用します。

　要求セッションの開始時に、要求を出し始めます。問題提起行動が起きたら、約20〜30秒間、要求を引っ込めます。この条件で、対照条件に比べて問題提起行動の生起率が高いなら、要求からの逃避が問題提起行動を強化していると考えられます。

単独/無視条件

　ある行動が自動的に強化されているのであれば、その人はその行動を通して誰かにメッセージを伝えようとしているわけではありません。したがって、一人でいるときや他にすることがないと

きに、頻繁にその行動をとってしまうことがあります。ビデオ・カメラを使うか、部屋の外から、その人に見られないように観察するかしてください。その際、その人の近くに暇つぶしのためのモノや活動がないことを確認してください。安全の確保に必要な場合を除き、部屋に入ったり、自分の姿を見られたりしないようにしてください。このアセスメントは、非常に危険な問題提起行動を取る人や、非常に幼い子ども、あるいは通常は部屋に一人で残されることのないような人には適していません。

　大事なのは、本当に何もすることがない状態にして、どうやって自分で自分を楽しませるかを見ます。鼻歌や歌を歌う人もいれば、問題提起行動を取る人もいるかもしれません。この条件を人工的なものにしないために、「待つ」という条件にして導入することができます。あなたが何かを取りに行って、すぐに戻ってくるということを本人に伝えてください。この種の条件は、本人が"退屈"しているために生じる行動を誘発する可能性があります。その行動が危険で中断する必要があると懸念される場合には、あなたがその場にいて、しかし本人とやりとりはしない（つまり無視する）状態で、この条件をテストすることができます。この条件での問題提起行動の生起率が高いということは、その行動は、それ自体が生み出す自然な結果（例：感覚刺激）によって維持されていると考えられるでしょう。

対照条件

　対照条件は、他のすべての条件と比較するための条件です。本人は《豊かな環境》に置かれ、そこでは好きなモノにアクセスでき、好きなだけ注目を浴びることができ、要求や嫌悪刺激はありません。言い換えれば、問題提起行動を引き起こしそうにない環境を

設定しなくてはなりません。この対照条件では、問題提起行動が生じても検査者は自分の行動を変えません。この条件では、問題提起行動の生起率が低いことが予想されます。

　これまでの機能分析条件を次ページの表にまとめました。

手がかりを使って条件を知らせる

　仮説検証の各条件は、可能であれば特定の手がかりと関連付けるべきです。そうすることで、その後のテストセッションで児童生徒が条件を認識しやすくなり、より早く問題提起行動をとる可能性があります。手がかりとしては、別の条件は別の部屋で実行する、別の条件では別の派手な色のタオルをソファにかける、別の条件では子どもを部屋の別の場所に座らせる、などが考えられます。例えば、2つの条件だけの比較なら、1つの条件ではカーテンを開けておき、もう1つの条件ではカーテンを閉めておくのもいいでしょう。子どもがその配置に不満がある場合（例えば、閉じているカーテンを開けてほしがる場合）は、その要求を受け入れなければなりません。そうしないと、意図せずアクセス制限状態（例えば、窓の外を見ることが制限されている状態）を作ってしまうことになります。

　子どもが「どうしてこんなものが置いてあるの」と聞いてきたら、何かの条件と結びつけてみましょう。例えば、注意の乏しい条件にしようとするのであれば、「本を読むときにソファにくつろぐために、ソファに毛布をかけたんだよ」と言ってもいいでしょう。アクセス制限条件にしようとするのであれば、新しい電池を待つ間、おもちゃを置いておけるように、毛布を敷いたと説明してもいいでしょう。

機能分析条件

条件	セッション開始直前	セッション開始/先行条件	問題提起行動が生起したらどうするか
注意条件	（身体的または言語的）注意への自由なアクセス	セラピストは気を取られているふりをする（例：読書）。	20-30秒間の注意（例：叱責、どうかしたのかと問う）。
具体物条件	とても好きな活動への自由なアクセス	好きなモノ/活動へのアクセスを妨げる。	20-30秒間のアクセス（例：ビデオをつける、おもちゃを渡す）。
要求条件	適用せず	嫌悪刺激の提示（例：難しい課題を出す、音）。	20-30秒間の逃避（例：課題を撤去する）。
単独/無視条件	適用せず	一人で部屋に残す（あるいは大人がいるが、やりとりはしない）。	問題提起行動には反応しない。
対照条件	適用せず	とても好きなモノや注意にアクセスできる。何も要求はしない。	問題提起行動には反応しない。

安全上の注意事項

　先行操作や、他にも機能分析のような問題提起行動を引き出す可能性のある方法を使う前に考えておくべき特別な懸案事項は、こうすることで基本的に問題提起行動を引き起こそうとしているということです。どのようにして問題提起行動を引き起こすかを考えれば、その行動の機能を知ることができます。しかし、激しい問題提起行動や危険な問題提起行動に対しては、アセスメントを行うことで得られる利益が、その行動自体のリスクを上回るかどうかを判断しなければなりません。例えば、自分の頭を叩く本人がいて、その理由を調べたいとします。しかし、頭を叩くことが内出血やその他の深刻な負傷に至る場合、生徒の安全を確保するための特別なマットやその他の予防手段がないなら、この種のアセスメントを避けるのが最善かもしれません。

このような条件下で行動がエスカレートする場合に備えて、常に安全策を用意しておきましょう。本人が自分を傷つけず、落ち着けるような安全な場所を用意しておくとよいでしょう。また、アセスメントを早目に終了する必要がある場合には、気をそらすことができるものを用意しておくとよいでしょう。行動がエスカレートした場合に怪我を防ぐために、アームパッドやヘルメットなどの保護具が必要なこともあります。また、他の人がいない時間帯にアセスメントを実施することが賢明かもしれません。最後に、身体拘束の方法を知っているチームメンバーを同席させるとよいでしょう。

　自閉スペクトラム障害の人の多くは，問題提起行動を誘発する条件に日常生活で広くさらされることはありません。なぜならば，ASDの人が問題提起行動を起こすとすぐに，他の子どもや大人が傷つく前に誰かがその行動をやめさせるための措置をとるからです。また，その条件を少しだけ設定して問題提起行動を開始させ，そして条件を終了することもあります。先行操作も機能分析も、その目標は、本人がこれらの条件の下で一定時間を過ごすことなので、目標の時間が終了するまで、条件を継続的に再導入します。そのため、問題提起行動を誘発する条件に、これまでよりも多くさらされることになるかもしれません。その結果、問題提起行動の程度がもっと強くなる可能性があります。これらの方法を使用するかどうかを決定する際には、このリスクを念頭に置いてください。

データを分析する

　先行操作を一通り終えた後、一貫したパターンが現れるように、これらの条件をさらに1〜2回繰り返すのが最適です。また、何

回繰り返すかは、安全性を優先して決めるべきです。

　機能分析を行う際には、通常、明確なパターンが見出されるまで、これらの条件をいくつかのシリーズで実行します。ほとんどの場合、機能分析は《多要素研究デザイン》を用いて行います。多要素研究デザインでは、各条件を１つのシリーズで実行し（例：注意、具体物、単独、要求、おもちゃ遊び）、パターンが決まるまでそのシリーズを繰り返します。さらに、ここで重要なのは、収集した情報をグラフ化することです。データを視覚的に分析することで、問題提起行動の機能を特定しやすくなります。機能分析のグラフを解釈する最良の方法は、どの条件が対照条件と最もレベルが異なるかを判断することです。

　未記入の機能分析データシート（付録L）を使って、各条件で問題提起行動がどのくらいの頻度で生起するかのデータを集めることができます。下の表は、要求条件でのレベルに明確な差があることを示しているデータシートです。

機能分析データシート

	シリーズ１	シリーズ２	シリーズ３	シリーズ４	シリーズ５
注意	0	Ｔ	0	0	0
具体物	0	0	一	一	0
要求	正	正正	正ＴＴ	正Ｔ	正Ｔ
単独	一	0	0	0	0
遊び	0	0	0	0	0

　次のページには、機能分析のグラフの例があります。このグラフでは、遊びや対照の条件（黒い円の線、好きなモノをすべて手に入れることができ、注目もされるが、要求はされない）に比べて、注目度の低い条件（白い四角の線）で問題提起行動のレベルが高いことがわかります。この結果は、問題提起行動が注意獲得の機能を

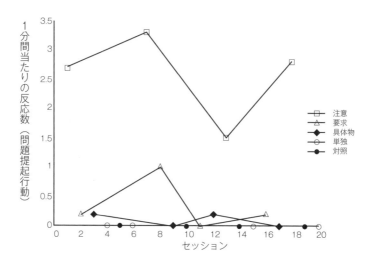

果たしていることを明確に示しています。

　以下は、機能分析のグラフの別の例です。この分析では、問題提起行動が観察された唯一の条件は要求条件でした。要求が出されたときに問題提起行動が生じ、対照条件では生じないという事実は、逃避機能を示唆しています。

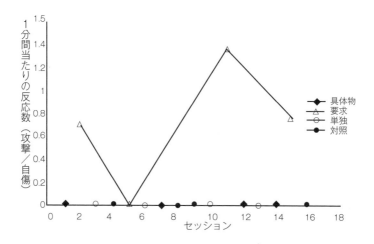

なぜ機能分析はやる価値があるのか？

　問題提起行動をあえて強化することで、何か良いことがあるのかといぶかしく思われるかもしれません。まず、Iwata らの研究（1982/1994）のレビューで述べたように、問題提起行動を強化することで、その人の日常生活で起こる出来事を再現する機会を得ることができます。コントロールしたセッションの中で、どの結果事象が行動を強化する力を持っているかがわかります。これにより、セッション外（家庭や教室など）では、どのような結果事象が行動を維持しているのかを知ることができます。

　機能分析をすることで、問題提起行動が効果的なコミュニケーション手段であることを教えることになってしまい、アセスメントの後にそれを「脱学習（unlearn）」しなければならなくなる、と懸念する声が聞こえます。直感とは相いれないように思えるかもしれませんが、ASD の人を機能分析にさらすことは、実際には、より早く問題提起行動を脱学習するのに役立つかもしれません。日常生活では、問題提起行動は通常、不規則に強化されます。ASD の子どもたちは、自分の行動のどの例が強化されるかわかりません。そのため、最初は成功しなくても、試み続けます。スロットマシンで遊ぶギャンブラーのように、子どもたちはその行動に固執することを学習するのです。

　それに対して、アセスメントの過程では、問題提起行動の 1 つ 1 つが強化されていきます。この継続的な強化パターンは、ASD の人たちに、あまり固執しないように教えることになります。例えば、あなたが電話の受話器を取るたびに、発信音が聞こえます。あなたは受話器を取ることを継続的に強化されます。突然、発信音が鳴らなくなると、少しは問題点を探ろうとしますが、あきら

めて電話が切れたと判断してしまいます。これが、問題提起行動をとる人に生じてほしいことなのです。行動を、日常生活で受ける間欠強化スケジュールから外して、機能分析中に受ける連続強化スケジュールに置くと、支援中にその行動が持続する時間が実際に短くなることがあります。

機能分析の簡易モデル

機能分析に対する主な批判の1つは、実施に必要な時間の長さです。実際、従来の形式（1回のセッションが15分）で実施した場合、セッション時間の長さのために、このような手順を使用することができませんでした。しかし、文献によると、もっと短い時間の機能分析でも、長い時間の機能分析と同様の結果が得られることがわかっています。

M. D. Wallace と Brian Iwata（1999）が行った研究により、5分または10分の機能分析（FA）セッションでも、15分のFAセッションと同様の結果が得られることがわかりました。この研究では、著者らは15分のセッションを用いての機能分析データを研究しました。評定者は、15分セッションの最初の10分間を評定し、データをグラフ化し、彼らが見つけたパターンと15分すべてのデータから得られたパターンとの関係を調べました。さらに、15分間のセッションのうち最初の5分間のみを評定し、データをグラフ化し、評定のこの部分のパターンとセッション全体のパターンとの関係を調べました。その結果、10分間のセッションと15分間のセッションが完全に対応していることがわかりました（46ケース中46ケース）。また、5分間のセッションと15分間のセッションが93.5％の確率で対応することがわかりました（46ケース中43ケース）。これらの結果は、5分または10分のFAセッションを行う

ことで、セッション時間を大幅に短縮できることを示唆するものです。

　もう1つの近道は、仮説に基づく機能分析です。アセスメントの初期段階では、問題提起行動の特定の機能を除外することができるかもしれません。たとえば、ほとんどの場合、身体的な攻撃は自動強化されることはありません（例外はありますが）。したがって、攻撃行動が自動強化によって維持されていると信じる理由がない限り、機能分析から単独条件を除外することができます。全観察期間で人とのやり取りを積極的に避けている人を見ることがあります。そのような状況では、注意の条件をFAから除外することができるかもしれません。セッション・タイプを少なくすることで（セッション・タイプを5つではなく3つか4つにする）、仮説主導型のFAはセッション時間を大幅に短縮することができます。

結論

　機能分析は、機能アセスメントのゴールド・スタンダードです。機能分析の結果は、通常、あらゆるアセスメント・ツールの中で最も有効であると考えられています。人の行動のコミュニケーション・メッセージを見つけ出し、支援を成功に導く上で、機能分析が有効であることを多くの研究が立証しています。しかし、機能分析は手間がかかり、一定のリスクを伴います。したがって、機能分析は、他のアセスメント方法ではうまくいかなかった、ことのほか分かりにくい行動を対象とするのが最善でしょう。さらに機能分析は、問題提起行動を誘発し、一時的に強化することになるため、非常に深刻な行動や危険な行動に対しては、経験豊富な専門家のみが機能分析を行うのがベストです。しかも、高度にコントロールされた環境で分析を行うべきです。

ASDの人と自分自身の安全を守るためのトレーニングを積み、手腕を備えた専門家チームによって、最も深刻な問題提起行動の機能分析を実施できる入所入院施設を利用することができます。非常に危険で破壊的な問題提起行動に直面している場合や、熟練した行動分析家による外来での取り組みがうまくいかなかった場合は、入所入院を検討してください。さまざまな条件下で行動の明確なパターンを特定するのに必要な期間に応じて、数週間から数か月とさまざまです。この種のサービスを提供できる地域の施設を探すには、行動分析士認定委員会Behavior Analyst Certification Board のウェブサイト（www.bacb.com）をチェックし、地域の認定行動分析士に連絡してください。適切なサービス提供者を紹介してくれるはずです。

第8章　代替アセスメント・モデル

　前章で述べたように、機能分析は、問題提起行動がなぜ起こるのか（例えば、注意を引くため、要求から逃避するため）を特定するための、最も実験的で理にかなった（研究によって証明された）アセスメント方法です。ほとんどの場合、機能分析の利点は欠点をはるかに上回ります。何百ものよくデザインされた調査研究によって、機能分析の有用性は確認されており、それによって、行動上の困難さを抱える無数の人々の転帰が改善されてきました。しかし、従来の機能分析を実生活場面で実施しようとすると、実施者はしばしば難題に遭遇します。最もよく報告されている難題は、1）安全性を維持し、正しくデータを収集するためのリソースの不足、2）危険な行動を強化することに対する親や教師、その他一般の人が抱く倫理的な懸念などです。

　機能分析を従来の形式で実施すると、時間がかかり、利用可能なリソースに負担がかかります。一般的に、健全な機能分析を行うにはチームが必要です。少ないリソースで必要なサービスを提供するのに四苦八苦している学区の財政状況では、機能分析の恩恵を受けられそうな生徒全員に対して完全な機能分析を行う余裕

が学校にはないかもしれません。残念ながら、最終的な結果として、実施者は精度の低いアセスメント・ツールを使用し、支援方法の選択においてより多くの誤りを犯すことになり、問題提起行動は思うように解決されません。そして最終的には、時間とお金の面で実施者に多くの犠牲を払わせることになるかもしれません。

　このような現実的な制約に加えて、機能分析は倫理的な問題を引き起こす可能性があります。従来型の機能分析では、問題提起行動を強化する必要がありました。ほとんどの場合、機能を特定するために問題提起行動を一時的に強化することは適切なことです。結局のところ、問題提起行動はいずれにせよ普段の環境で強化を受けているのです。しかし、問題提起行動が生じる状況を見ることは非常に重要であるにもかかわらず、これは本人とセラピストに傷害を与える可能性のある危険な行動（例えば、攻撃や自傷行為）にさらすことになります。

　もう１つの懸念は、頻度の低い問題提起行動（例えば、週に１回または月に１回生起する行動）に機能分析を使用することです。解釈できる結果を得るためには、一般的にその行動がかなり高い頻度（少なくとも５〜10分に１回）で生じる必要があるため、低頻度の行動に対して機能分析を実施することは特に困難です。ここでもまた、頻度の低い問題提起行動を誘発することの倫理性については疑問が残るかもしれません。例えば、２〜３週間に１回、危険な問題提起行動が見られる場合、アセスメントのために１時間に何十回もその行動を誘発することは倫理的でしょうか？

　機能分析を行う際には、限られたリソース、外傷のリスク、危険な行動の誘発などが、実施者にとっての課題となります。したがって、効果的な支援計画を策定するために、問題提起行動の機能を特定する機能分析が有効であるにもかかわらず、場合によっては修正が必要になることがあります。そのような修正により、

問題提起行動の影響を最小限に抑え、外傷のリスクを軽減することができます。

代替アセスメント・モデル

機能分析に関連するこれらの実践的および倫理的問題のいくつかに対処するために、アセスメントのいくつかの代替モデルが開発されました。これらの代替モデルには、次のものが含まれます。

■試行に基づく機能分析（Bloom, Iwata, Fritz, Roscoe ＆Carreau, 2011; LaRue, Lenard, Weiss, Bamond, Palmieri ＆ Kelley, 2010）

■潜時に基づく機能分析（LaRue et al., 2010; Thomason-Sassi, Iwata, Neidert ＆ Roscoe, 2013）

■前兆行動の機能分析（例：Smith ＆ Churchill, 2002）

■要求行動の機能分析（LaRue, Sloman, Weiss, Delmolino-Gatley, Hansford, Szalony, Madigan ＆ Lambright, 2011）

それぞれについて、このあと詳述します。

試行に基づく機能分析（Trial-Based Functional Analysis: TBFA）

TBFA は、問題提起行動の生起を最小限に抑える簡易型の機能分析です。TBFA では、従来型の機能分析で用いられるのと同様の条件（例えば、注意を向けない、好きなモノへのアクセスを制限する、難しい要求を課すなど）に生徒を短時間さらし、問題提起行動を1回だけ強化します。

簡単に言えば、問題提起行動が最初に生起するまで、または1分が経過するまで、そのどちらか早い方まで、機能分析条件を実行します。そして、2分目に強化（例：注意、好きなモノや活動へ

のアクセス、逃避）を与えます。問題提起行動が、1分目または2分目、あるいはその両方で生起したかどうかを記録します。これらの手順は非常に簡単で、リソースが限られている実施者や保護者にとって非常に有用なツールとなり得るものです。最近の研究では、TBFAは従来型の機能分析にかなりよく一致することが示唆されています（Bloom et aL., 2011; LaRue et al., 2010）。

　TBFAを実施する際には、テスト段階と対照段階に短時間さらします。これらのさらしは、それぞれ1分程度です。テスト段階は、通常の機能分析の場合と非常によく似ており、対照段階は、真逆で、条件を逆転させます（手順の詳細は以下のとおりです）。一般的な条件としては、注意条件、具体物条件、要求条件などがあります。また、自動強化が疑われる場合には、単独条件を実施することもあります。

■注意：注意条件のテスト段階（最初の1分間）では、実施者は気をそらす行動をとる（例：資料を集めたり、データシートに書き込んだりする）。この段階は1分間、または問題提起行動が最初に生じるまで続く。この条件の対照段階（2分目）では、1分間、継続的に注意を向ける。最初の1分間（注意なし）の問題提起行動が、2分目の1分間（注意）に比べて高レベルであれば、注意獲得機能の可能性が示唆される。

■具体物：具体物条件のテスト段階（最初の1分間）では、好きなモノや活動へのアクセスを制限する（例：好きなモノを実施者が保持する）。この段階は1分間、または標的行動が最初に生じるまで続く。この条件の対照段階（2分目）では、モノや活動へ1分間だけ自由にアクセスできる。最初の1分間（モノ/活動へのアクセスを制限）の問題提起行動が、2分目の1分間（自由にアクセスできる）に比べて高レベル

であれば、具体物獲得機能の可能性が示唆される。

■要求：要求条件のテスト段階（最初の1分間）では、実施者は1分間または標的行動が最初に生じるまで、生徒に要求を出す（例：勉強、好きではない食べ物や飲み物）。要求条件の対照段階（2分目の1分間）では、要求から1分間だけ逃避できる。2分目（要求なし）に比べて1分目（要求あり）の問題提起行動のレベルが高いなら、逃避機能の可能性が示唆される。

■単独/無視条件：単独/無視条件では、テスト条件と対照条件はまったく同じに見える。テスト段階（最初の1分間）では、生徒を部屋の中に一人で残す（または、実施者と一緒に部屋にいるが、やりとりはしない）。テスト段階（2分目）でも、同じことをする。問題提起行動は自動強化されると推測されるなら、1分目でも2分目でも同じように問題提起行動が生じるはずである。

　これらの条件を以下の表にまとめました。

　TBFAでは、各テスト段階（最初の1分間）をその対照段階（2分目の1分間）と比較します。一般に、問題提起行動が、対照段階よりもテスト段階で頻繁に生じるなら、機能的関係が示唆されます。例えば、生徒に注意維持型の問題提起行動があるなら、注意を自由に享受できる場合（2分目）よりも、注意を向けない場合（1分目）の方が、問題提起行動は生じやすいでしょう。同様に、逃避維持型の問題提起行動があるなら、要求が出されている場合（1分目）の方が、要求が出されない場合（2分目）よりも、その問題提起行動を取る可能性が高いでしょう。

　データシートの例はp.168にあります。各行は、各条件でのセッションを表しています。例えば、最初に実施したセッションが注意条件（1行目）の場合、1分目、2分目ともに問題提起行動は

TBFA の条件

条件	1分目（テスト段階）	2分目（対照段階）
注意条件	セラピストは気を取られているふりをする（例：読書）。	1分間注意を向ける。
具体物条件	好きなモノ/活動へのアクセスを妨げる。	1分間アクセスできる。
要求条件	嫌悪刺激の提示（例：難しい課題を出す、音）。	1分間逃避できる。
単独/無視条件	一人で部屋に残す（あるいは実施者がいるが、やりとりはしない）。	一人で部屋に残す（あるいは実施者がいるが、やりとりはしない）。

観察されませんでした。問題提起行動がなかったことは、表では「−」と記録しています。次に要求セッションが実行された場合、データシートには、最初の1分間に問題提起行動が生じたことが示され、「＋」記号で記録しています（標的の時間は13と記されていますが、これは生徒が問題提起行動を取るまでに13秒経過したことを意味します）。要求が存在しなかった2分目には問題提起行動が生じませんでした（「−」で記録）。

　そして、行動の生起と非生起を合計し、解釈のためにパーセンテージに変換します。168ページの例では、注意条件において、注意が保留されたときに、10回中1回（機会の10%）問題提起行動が生じ、注意が自由に得られたときに10回中1回（機会の10%）問題提起行動が生じました。このことは機能的な関係がないことを示唆します。なぜなら、問題提起行動は、注意のレベルに関係なく、同じように生じているからです。要求条件では、要求が出た10回の機会のうち8回（80%）、休憩時間には10回のうち1回（10%）問題提起行動が生じました。これらのデータによると、問題提起行動は休憩時よりも要求時にはるかに生じやすい

試行に基づく機能分析Trial-Based Functional Analysis（TBFA）

注意			
	注意なし	生起時間	注意あり
1			
2			
3			
4			
5			
6			
7			
8			
9			
10			
11			
12			
13			
14			
15			

要求			
	要求あり	生起時間	要求なし
1			
2			
3			
4			
5			
6			
7			
8			
9			
10			
11			
12			
13			
14			
15			

具体物			
	アクセスなし	生起時間	アクセスあり
1			
2			
3			
4			
5			
6			
7			
8			
9			
10			
11			
12			
13			
14			
15			

単独/無視		
	1分目	2分目
1		
2		
3		
4		
5		
6		
7		
8		
9		
10		
11		
12		
13		
14		
15		

注意			
	注意なし	生起時間	注意あり
1	−	n/a	−
2	−	n/a	−
3	−	n/a	−
4	+	47	−
5	−	n/a	−
6	−	n/a	−
7	−	n/a	+
8	−	n/a	−
9	−	n/a	−
10	−	n/a	−
11			
12			
13			
14			
15			
	10%		10%

要求			
	要求あり	生起時間	要求なし
1	+	13	−
2	−	n/a	−
3	+	6	−
4	+	27	−
5	+	21	−
6	+	3	−
7	−	n/a	−
8	+	40	+
9	+	11	−
10	+	5	−
11			
12			
13			
14			
15			
	80%		10%

具体物			
	アクセスなし	生起時間	アクセスあり
1	−	n/a	−
2	−	n/a	−
3	−	n/a	−
4	−	n/a	−
5	−	n/a	−
6	−	n/a	+
7	−	n/a	−
8	−	n/a	−
9	−	n/a	−
10	−	n/a	−
11			
12			
13			
14			
15			
	0%		10%

単独/無視		
	1 分 目	2 分 目
1	−	−
2	−	−
3	−	−
4	−	−
5	−	−
6	−	−
7	−	−
8	−	−
9	−	−
10	−	−
11		
12		
13		
14		
15		
	0%	0%

ことから、機能的な関係があることが示唆されます。

　データシートから得られたパーセンテージをグラフ化すると、解釈しやすくなります（下図参照）。

　TBFA にはいくつかの利点があります。TBFA に要する時間は非常に短く、1日のうちの自然に行動が生起する時間帯に使用することができるため、リソースの負担を軽減することができます。得られる結果が従来型の FA と同等であるという研究論文があることを考えると、これは特に魅力的です（Bloom et al., 2011; LaRue et al., 2010）。私（RL）たちは（2010）、通常の教室活動中に TBFAセッションを実施し、セッションの総時間を 80％以上短縮できることを明らかにしました。さらに、TBFA は問題提起行動の生起を最小限に抑えることができるので、生徒やスタッフへのリスクを下げることができます。また、TBFA の結果に基づいた支援は、問題提起行動の軽減に効果があることが研究から明らかになっています（Bloom, Lambert, Dayton & Samaha, 2013; Lambert, Bloom & Irvin, 2012）。

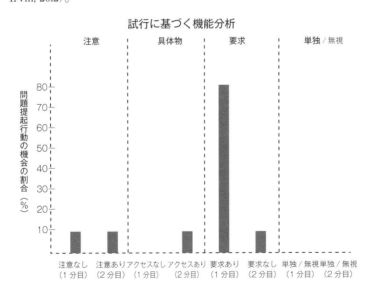

試行に基づく機能分析

TBFA を使用する際の注意点として、その効果は行動の生起率に左右されることが挙げられます。すなわち、TBFA は、高頻度の行動（1分に1回以上生起する行動、または課題の提示や注意の撤回などの特定の事象から1分以内に生起する行動）の機能を特定する場合にのみ有効なようです。低頻度の行動は、TBFA では捉えられそうにありません。

潜時に基づく機能分析（Latency-Based Functional Analysis: LBFA）

LBFA は機能分析の有用な手続きのもう1つのバリエーションです。LBFA では、問題提起行動は、他のFAモデルとは異なる方法で測定されます。各条件で問題提起行動が生じた回数を数えるのではなく、条件の開始から行動の**最初**の**生起**までの秒数を測定します。言い換えれば、機能分析セッションの開始時にタイマーをスタートさせ、問題提起行動が生じた瞬間にタイマーを止めるのです。非常に早く起こる（潜時が短い）問題提起行動は、高頻度行動であると言えます。LBFA はまた、従来型の機能分析と強い対応関係にあることが示されています（Thomason-Sassi et al., 2013; LaRue et al., 2010）。

この手順は、従来型の機能分析と同様の方法で実行されます。同じ5つの条件が、同じ先行条件（例：注意を保留する、要求を出す）を用いて実行されます。主な違いは、最初の問題提起行動が生じた時点で、セッションを終了することです。経過時間（秒数または分数）は、条件ごとにデータシートに記録します。LBFAデータシートの例を以下に示します。

そして、得られたデータをグラフ化します（次の図参照）。LBFA のグラフは、従来型FA のグラフと似ていますが、逆になっ

LBFAデータシート

	シリーズ1	シリーズ2	シリーズ3	シリーズ4	シリーズ5
注意					
具体物					
要求					
単独					
遊び（対照条件）					

LBFAデータシート（例）

	シリーズ1	シリーズ2	シリーズ3	シリーズ4	シリーズ5
注意	26	102	11	42	36
具体物	n/a	n/a	n/a	n/a	565
要求	n/a	356	n/a	n/a	n/a
単独	552	n/a	498	n/a	n/a
遊び（対照条件）	n/a	n/a	n/a	n/a	n/a

（n/a：該当せず）

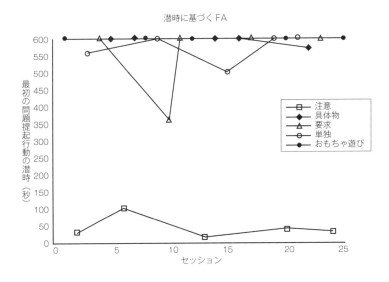

ていることにお気づきでしょう。行動の動機付けになっていると思われる条件では、対照条件でよりも数値（秒数）が低くなっています。これは、潜時が短いほど反応の強さが大きいことを示しているからです。言い換えれば、条件の開始後、問題提起行動がより早く生じる場合、それは高生起率の標的行動であることが示唆されます。この「潜時に基づくFA」のグラフから、注意条件では一貫して問題提起行動の最初の生起までの潜時が短く（例：26秒、102秒など）、対照条件（遊び）では問題提起行動がまったく観察されないことがわかります。問題提起行動は主に注意条件で生起し、各セッションの開始後比較的早い段階で生起することから、他者からの注意によって行動が維持されていることが強く示唆されています。

　潜時に基づく機能分析は、危険な行動（例：激しい攻撃行動や自傷行為）をアセスメントする際に特に有効です。LBFAでは、問題提起行動が始まった時点でセッションを終えることができるため、生徒や実施者が怪我をする可能性が限られます。LBFAは、問題提起行動を制限したり阻止したりしながらも、従来型機能分析と同様の結果をもたらすことから、行動アセスメントの有用なツールとなっています（LaRue et al., 2010；Thomason-Sassi, Iwata, Neider & Roscoe, 2013）。

前兆行動の機能分析（Precursor Functional Analysis）

　異なるタイプの問題提起行動が確実に同時に生じることも少なくありません。例えば、かんしゃくを起こしているとき、子どもはまずぐずり、次に叫び、さらに物を投げ、そして攻撃をするという順序で行動を始めるかもしれません。このようなタイプの問

題提起行動が確実に起こるのであれば、その行動連鎖の初期に生じる程度の軽い標的行動に対して機能分析を行うことができるかもしれません。例えば、上述の子どもの場合、ぐずりや叫び声に関して機能分析を行うことで、より危険な形態の行動（例えば、攻撃行動）を強化する必要がなくなるかもしれません。

　前兆行動の機能分析を行う前に、異なるタイプの問題提起行動が確実に一緒に生じることを確認することが重要です。そのためには、問題提起行動が実際に同時に特定の順序で生じるかどうかを観察する必要があります。文献によると、前兆行動の機能分析から、従来型のアセスメント法と同様の結果が得られました(Smith & Churchill, 2002; Borrero & Borrero, 2008; Fritz et al., 2013)。

　前兆行動の機能分析は、従来型の機能分析と同じ全般的な手順で行われます。アセスメントの一環として同じ条件（例：注意、要求、具体物）で実施されますが、反応連鎖の早い段階で生起するさほど重度ではないタイプの問題提起行動が強化されます。

　他の代替FAモデルも有用ですが、危険な行動（例：重度の攻撃性、自傷行為）をアセスメントする際には、前兆行動のFAが特に有用です。多くの場合、重度の問題提起行動（例：攻撃性や自傷行為）を、傷害の危険性がある行動を誘発する必要なくアセスメントすることができます。

要求行動の機能分析（Functional Analysis of Requesting）

　また、従来型の機能分析に伴う難題を回避しやすくなるかもしれない別の方法として、要求行動の機能分析があります。なぜかと言うと、ASDの人が問題提起行動を取る場合、ほとんどがコミュニケーションの問題を一因としているからです。

問題提起行動の支援を策定する際には、通常、問題提起行動と同じ目的を果たす等価な反応を教えます（例えば、Carr & Durand, 1985）。この手法は、**機能的コミュニケーション・トレーニング（FCT）**と呼ばれています。例えば、生徒が注意を引くために問題提起行動を取る場合、適切なやり方で注意を要求することを教えるでしょう（例：手を挙げる、コミュニケーション機器の「私に話しかけて」ボタンをタッチする[1]）。同様に、生徒が要求から逃避するために問題提起行動を取る場合は、手助けや休憩を要求することを教えるでしょう。適切なコミュニケーションの強化にアクセスする能力があれば、コミュニケーションが増え、問題提起行動が減る可能性が高いのです。このことは重要です。なぜなら、問題提起行動を強化する代わりに、別種のコミュニケーション行動（例えば、「休憩要求」行動や「注意要求」行動）を教え、これらの行動の機能分析を行うことができると考えられるからです。2011年の私（RL）たちの研究で、**要求行動の機能分析**が、4人中3人の生徒の従来型機能分析と一致することが分かりました。

　要求行動の機能分析の手順は、従来型の機能分析の手順と非常によく似ています。しかし、問題提起行動を強化するのではなく、コミュニケーション行動（例：カードに触れる[2]、手話を使う、拡大コミュニケーション機器を使って要求する）を強化します。よく見られる要求行動の機能分析の条件には、次のものが含まれます。

　　■**注意**：この条件の間、注意を差し控え、適切なコミュニケーションに随伴させて（例：子どもがカードに触れたとき）、20

1　〔訳注〕絵カード交換式コミュニケーション・システム（PECS®）で要求することも一例である。
2　〔訳注〕カードに触れるよりも、PECS®のように絵カードを手渡す方が望ましい。

秒間やりとりをさせます。適切な注意要求が何回行われた
かのデータを収集します。

■**具体物**：好きなモノ/活動へのアクセスを制限し、適切な
コミュニケーションに随伴させて、20秒間アクセスさせま
す。モノ/活動の適切な要求が何回行われたかのデータを
収集します。

■**要求**：要求/嫌悪刺激（例：学習課題の要求）を継続的に出し、
適切なコミュニケーションに随伴させて20秒間逃避させ
ます。適切な休憩/手助け要求が何回行われたかのデータ
を収集します。

■**対照**：対照条件では、注意や好きなモノや活動に自由にア
クセスできます。要求は出されません。この条件の間、コ
ミュニケーション機器を利用できるようにして、（単に機
器で遊ぶのではなく）コミュニケーションしたいときにのみ、
コミュニケーション機器を使用できるようにするべきです。
適切な要求が何回行われたかのデータを収集します。

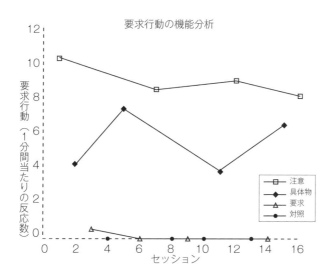

前ページのグラフでは、注意条件で要求行動の最多生起率が観察されたことがわかります。さらに、対照条件よりも具体物条件で要求行動が多かったことがわかります。これらの結果は、このコミュニケーション（したがって問題提起行動）が複数の機能を持っている可能性が高いことを示唆しています。

他のいくつかの代替FAと同様に、要求行動のFAは、危険な行動（例：激しい攻撃性や自傷行為）のアセスメントに特に有用です。さらに、要求行動のFAは、低頻度の行動の機能を特定するのにも役立つことがあります。これらの手法は、問題提起行動が強化されないという点で、他の機能分析よりも侵襲度が低いのです。しかし、要求行動のFAは、異なる機能をもつ複数のタイプの問題提起行動はテストしません（例：課題要求から逃避するために攻撃的になり、人からの注意を引くためにふざける子ども）。

まとめ

機能分析（FA）は、問題提起行動に寄与する要因を特定するためのゴールド・スタンダードです。原則として、可能な限り、従来型の機能分析を用いるべきです。機能分析は効果的であり、適切に使用されるなら、より良い、そしてより侵襲度の低い支援につながることを示す多くの研究結果があります。

しかし、代替アセスメント法の使用が必要になる場合があります。リソースの不足と問題提起行動の強化についての倫理的懸念という問題のために、問題提起行動の機能を正確に特定するために代替方法の使用が必要となることがあります。多くの専門家は、信頼できる機能分析を実施するための十分なリソースを確保することに苦労しています。実際、従来型の機能分析では、通常、セッションを実施するためにセッションルームと少なくとも2

〜3人が必要です。試行に基づく機能分析（TBFA）は、これら
の懸念のいくつかを軽減するのに役立つかもしれません。TBFA
の利点の1つは、生徒が必ずしも普段の環境から離れる必要がな
いことです。さらに、短時間ですみ、データ収集が簡単なので、
TBFA は非常に便利なツールです。

　問題提起行動を故意に誘発することは、親や実施者が言及する
最大の倫理的懸念の1つです。本人とその周囲の人々の安全を確
保しつつ、有用な情報を収集できるFAモデルがいくつかあります。
試行に基づくFA、潜時に基づくFA、前兆行動のFA、および
要求行動のFA はすべて、問題提起行動を強化する必要性を最小
限に抑えることができます。

　これらのFA は非常に便利なツールですが、欠点もあります。
手続きを省けば省くほど、重要な関係を見逃す可能性が高くなり
ます。セッションの長さが短いと、生徒が問題提起行動を取る動
機を膨らませる時間が足りないことがあります（例：試行に基づく
FA の場合、1分間水がない状態にするだけでは、もっと水が欲しくて
問題提起行動を取るのに十分なだけ喉は渇かないかもしれない）。セッ
ションが短いと、パターンを確認するのに十分な頻度で問題提起
行動は生起しないかもしれません。軽度の問題提起行動、あるい
は代替型の問題提起行動（例：パンチの前に通常生じる叫び声）を強
化すると、特に重度の問題提起行動の機能がそれとは異なる場合、
重要な情報を見逃す可能性があります。

　機能分析の進歩により、ASD やその他の発達障害の人々の問
題提起行動への支援が劇的に改善されました。機能分析の強みを
明らかにした論文数は1000 を超えています。機能分析の使用は、
明らかに問題提起行動の背後にある動機を特定するための最良の
方法です。しかし、従来型機能分析の使用は、倫理的な観点から
実施が難しい場合があります。リソースの不足、本人や他の人の

安全に関する懸念、および低頻度の問題提起行動の機能を特定することの難しさ、これらすべては、実施者が従来型機能分析のバリエーションを使用する必要がある状況です。試行に基づく FA や潜時に基づく FA、前兆行動FA、要求行動FA はすべて、そのような状況で役立つ実行可能な方法でしょう。

第9章 すべてをまとめる
アセスメント・プロセスの要約

　これまでの章で説明した方法をすべて読むと、圧倒される可能性があります。「どこから始めたらいいの？」と思われるかもしれません。次のページには、機能的行動アセスメントを完了するための各ステップをリストしたフローチャートがあります。

　これらの手順をすべて完了すれば、得られた結果を用いて行動の機能を判断できるはずです。本書中の各アセスメント・ツールの説明に続いて、行動の機能を特定するためにデータをどう用いればよいかについての指示があります。

　フローチャートの次にある用紙に、各アセスメント・ツールを使って考えついた行動の機能を書き出してください。

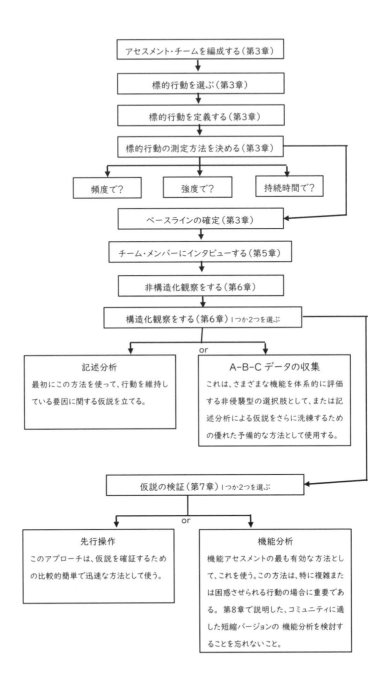

アセスメント・チームを編成する（第3章）

標的行動を選ぶ（第3章）

標的行動を定義する（第3章）

標的行動の測定方法を決める（第3章）

頻度で？　強度で？　持続時間で？

ベースラインの確定（第3章）

チーム・メンバーにインタビューする（第5章）

非構造化観察をする（第6章）

構造化観察をする（第6章）1つか2つを選ぶ

記述分析
最初にこの方法を使って、行動を維持している要因に関する仮説を立てる。

or

A-B-C データの収集
これは、さまざまな機能を体系的に評価する非侵襲型の選択肢として、または記述分析による仮説をさらに洗練するための優れた予備的な方法として使用する。

仮説の検証（第7章）1つか2つを選ぶ

先行操作
このアプローチは、仮説を確証するための比較的簡単で迅速な方法として使う。

or

機能分析
機能アセスメントの最も有効な方法として、これを使う。この方法は、特に複雑または困惑させられる行動の場合に重要である。第8章で説明した、コミュニティに適した短縮バージョンの 機能分析を検討することを忘れないこと。

機能的行動アセスメント・サマリー用紙

行動：

_____

行動の定義：

_____

_____

_____

　アセスメントの完了前に、特定の機能を疑っていましたか？
はいの場合、以下に記載してください。

　　1.＿＿＿＿＿＿＿＿＿＿＿＿＿＿＿＿＿＿＿＿＿

　　2.＿＿＿＿＿＿＿＿＿＿＿＿＿＿＿＿＿＿＿＿＿

　　3.＿＿＿＿＿＿＿＿＿＿＿＿＿＿＿＿＿＿＿＿＿

　インタビュー・データの検討後、最も可能性が高いと考えられ
た機能は何ですか？

　　1.＿＿＿＿＿＿＿＿＿＿＿＿＿＿＿＿＿＿＿＿＿

　　2.＿＿＿＿＿＿＿＿＿＿＿＿＿＿＿＿＿＿＿＿＿

　　3.＿＿＿＿＿＿＿＿＿＿＿＿＿＿＿＿＿＿＿＿＿

非構造化観察に基づくと、最も可能性が高い機能は何ですか？

1. _____

2. _____

3. _____

構造化観察に基づくと、最も可能性の高い機能は何ですか？

1. _____

2. _____

3. _____

仮説検証に基づくと、最も可能性の高い機能は何ですか？

1. _____

2. _____

3. _____

一貫性のある主要な機能はありますか？

1. _____

2. _____

3. _____

注：

ツールがそれぞれ異なる機能を示唆しており、それぞれの設定の中で機能が一貫しているなら、その行動はおそらく各設定で異なる機能を果たしている。

すべてのツールがそれぞれ異なる機能を示唆し、設定間で一貫性がない場合、その行動はおそらく各設定で複数の機能を果たしている。

第10章

ついに行動の機能が分かった

ではどうする?

　おめでとうございます！ すべてのハードワークが報われました！ どうやらその一見無意味な行動が生起し続ける理由がとうとう分かったのです。では次はどうするの？ この情報がどのように役立つの？ 機能的に関連のある行動についての計画の策定に関する詳細な説明は、この本の範囲を超えています。しかし、アセスメント・プロセスを理解するには、アセスメント情報の利用方法を知ることが重要であるため、行動支援計画の開発の概要を以下に示します。このテーマは、本書の姉妹編『自閉症の人の問題提起行動の解決』で扱います。

支援計画の構成要素

　アセスメント・プロセスは、私たちが学習について知っていることから展開します。支援プロセスも同様です。学習に関する4つの重要概念を覚えていますか？ 1) 動機づけ操作（MO）、2) 直前の先行事象、3) 行動、および4) 結果事象です。これらは、問題提起行動を捨て去るための重要概念でもあることがわかりま

す。したがって、機能的に重要な問題提起行動についての支援計画を作成するときは、これらの重要概念のそれぞれに着目します。すべての行動支援計画について、学習のこの4つの重要概念のそれぞれを考慮する必要があります。

動機づけ操作（MO）を変更する

　まず、行動を変えるために、その行動に関する子どものMOを変えることができます。行動に関してMOがない場合、行動は生じないでしょう。

　特定の行動のMOを変える方法の1つは、行動が決して誘発されないように、その人の環境を豊かにすることです。たとえば、子どもの問題提起行動の機能が、注意を引くことであるなら、1日を通して子どもにもっと注意を向けます。具体的には、注意を向けてもらわなくても、通常約10分間は問題提起行動を取らないでやれることがわかっている場合は、少なくとも8分ごとに注意を向けるようにします。他の指導方法も導入して、少ししか注意を向けられなくても耐えられる時間を、長い間に徐々に延ばしていくことができます。こうして確立操作を制御することにより、標的行動が生じないようにすることができます。そうすることで、子どもがその行動を実行に移すことを防ぎ、その行動が強化されることを防ぎ、最終的にその行動を陳腐化させることができるのです。

　このやり方に該当する支援のポイントは次のとおりです。

1．生理的な問題への対処（例：眠くて勉強ができないために、問題提起行動を使って勉強から逃避する子ども、またはアレルギーのために不快すぎて、他者とのやりとりに集中できない子ども）。

2．環境要因への対処（例：明るすぎる環境から逃避するために問

題提起行動を使う子ども、あるいは状況が静かすぎるときはいつで
も独語する青年）。

3．状況要因への対処（例：大勢の人の中では問題提起行動を取る
子ども、あるいは勤務先のホテルでハウスキーピングの仕事を任さ
れるときだけ問題提起行動を取る女性）。

　多くの場合、本人のMOを制御するだけでも、問題提起行動
は解消されます。しかし、この方法を単独で使用することの欠点
は、制御されていない状況でMOが生じた場合、そのMOを扱
う方法を本人が学習できないことです。問題提起行動のMOが
発動するのを防ぐことができないことがよくあるので、そのMO
をうまく扱う方法を学習する必要があるということは、確かなこ
とです。

先行事象を変更する

　次に、直前の先行事象に支援の焦点を当てます。アセスメント
によって、行動に関して一貫している直前の先行事象を確定した
ら、それを検討して、可能であれば変更することを試みます。
一見マイナーな合図の変更が、行動をまったく変えてしまうこと
があります。たとえば、子どもが自分の学習机を目にするたびに
問題提起行動を取る場合、代わりに床の上での勉強を許可するこ
とが、その行動の解消に役立つことがあります。同様に、子ども
が「就寝時間」に抵抗してきた履歴がある場合、「休息時間」と
言うともっと協力的になるかもしれません。
　もちろん、問題提起行動の引き金となる先行事象を常に排除で
きるとは限らないので、このやり方にいつも頼るわけにはいきま
せん。たとえば、子どもにトイレ・トレーニングをしているとき

は、トイレが常に関与します。サイレンが問題提起行動を引き起こす場合、その生徒からサイレンを永久に遮断することはできません。さらに、自動強化行動については先行事象の変更は選択肢にはならないかもしれません。その先行事象が本人の内部で生じていることもあるからです。

行動を変更する

　学習方程式の３番目に重要な構成要素は、行動それ自体です。あなたの支援計画では、問題提起行動を本人から取り除くことを試みるだけではなく、本人のニーズを満たすために新しい行動を確実に獲得できるようにします。

　おそらくこのステップは、成功する支援計画を策定する上で最も重要です。あなたは、本人が簡単に獲得でき、それが強化につながる代替行動を選択したいでしょう。学習理論の概要で述べたように、効率の良い行動は、常に効率の悪い行動に置き換わることを思い出してください。したがって、代替行動としては、問題提起行動と競合するものを慎重に選択する必要があります。問題提起行動よりも、本人が欲しいモノを迅速かつ一貫して入手できる行動を見つける必要があります。たとえば、特定の食事を回避するために、１口食べて嘔吐するケイラの場合、別の食べ物を要求するよう教えることができます。課題が退屈すぎると先生を殴るジョーイの場合、別の課題を要求するよう教えることができます。

　同様に、アンソニーが、お気に入りのビーズを要求する手段として頭突きをする場合、ビーズを要求するために絵カードを渡すことを教えることができるでしょう。これは、カードが明確に識別でき、簡単にアクセスでき、アンソニーにとって最小限の努力ですむ場合にのみ、効果的な代替行動になります。つまり、同じ

結果を得る方法としては頭突きより簡単な方法である場合、絵カード交換は頭突き行動に置き換わります。

　絵カード交換によってビーズを要求することをアンソニーに教えるには、すべての部屋にビーズの絵/写真カードをぶら下げておくことを考えます。ビーズをあなたのそばに、しかし彼の手には届かないところに用意した部屋で始めます。絵/写真カードを取って、あなたに渡すようにアンソニーをあなたがプロンプトします。そして絵/写真カードを渡したら、「ビーズが欲しいのね。ビーズが欲しいと上手に伝えたね」と言って、彼にビーズを渡します。アンソニーがビーズで2、3分間遊んだら、ビーズを取り返して、再び彼の視界内にはあるが手は届かないところにビーズを置きます。その後、手順全体を繰り返します[1]。

　アンソニーを全体プロンプトすることを数回続けたら、プロンプトを徐々にフェイディングし、このシナリオで彼が自力でビーズを要求できるかどうかを確認します。アンソニーが上手にやれるようになったら、ビーズからアンソニーまでの距離を伸ばしていき、ビーズを徐々に視界からはずしていくことによって、レベルを上げていきます。ビーズがある部屋で、アンソニーが絵/写真カードを渡してビーズを要求することに習熟したら、彼を他の部屋に移動させて練習を続けさせます[2]。その時点で、アンソニーは自力でビーズを要求し始めます。

　人によっては、代替スキルを習得するのにかなり時間がかかることがありますが、それでも代替スキルを教えることは支援の1

1　〔訳注〕この段落に書かれていることは、「絵カード交換」とあるので、絵カード交換式コミュニケーション・システム（PECS®）に似ているが、プロンプターを別の人にする（2人制プロンプト法）ということをしていない点がPECS®とは異なる。
2　〔訳注〕このやり方はPECS®のフェイズⅡに相当する。

つとするべきです。これは、長期的な成功を維持するために重要だからです。

結果事象の変更

　学習方程式の最後の要素は結果事象です。問題提起行動について支援する場合、本人が期待することを学習してしまっている結果事象を変えることを目指します。上記の例のアンソニーには、もはや頭突きの結果としてビーズを取得させてはなりません。代わりに、アンソニーは、絵カード交換スキルを使ったことで、すぐにビーズを受け取るべきなのです。

　問題提起行動の結果事象を、すぐには変えられない場合があります。これは、自傷行為またはその他の危険な行動の場合に当てはまります。おそらく、アンソニーの家族は、彼にビーズを渡して、頭突きをやめさせる必要があるでしょう。このような場合、代替行動の結果事象が、質的にも量的にも、問題提起行動の結果事象を確実に凌駕するものでなければなりません。このコントラストが、問題提起行動を消滅させます。この原理に基づけば、家族は、アンソニーが頭突きをすると、最も興味のわかないビーズを2つ3つ与えますが、絵カードでビーズを要求すれば、お気に入りのビーズを20か30与えることになります。

　言葉をよくしゃべったり、認知力が高かったりする子どもの場合は、ルールの変更と結果について教えるとうまくいくことがあります。たとえば、《はじめに》のダラが、バンドのOne-Dに対して持っていた強迫観念を思い出してください。ダラの母親は次のようなことを言うかもしれません。「ダラちゃん、あなたは、One-Dについて話すことが大好きだとは思うけど、他の子たちは、一日中One-Dについて聞くことには飽き飽きしているよ。

他の子たちが話したいと思っていることを、あなたも話せば、他の子たちは、あなたと友だちになりたいと思ってくれるでしょうよ。One-D の話をしたら無視するしかないけど、それ以外の話なら喜んで聞くよ……。」

　どんな行動支援でもそうですが、新しいルールを知らせても、言ったことを守らなければ意味がありません。したがって、随伴性を変える場合には、その前に、あなたが担当している児童生徒に関わる責任がある人たちが、皆納得できる方法を選ぶようにしましょう。たとえば、ダラの先生は One-D の話にとてもイラつくので、その話を無視してもらうことはできないだろうと分かったら、誰もが一貫して使用できる別のやり方を選択しなければなりません。

行動の機能に見合う方法の選択

　上記のガイドラインは、支援のさまざまな構成要素を強調しています。次に、機能的行動アセスメントの結果に基づいて、これらの各構成要素を、特定の行動に関して展開するための、基本的な手順をいくつか学ぶことになります。そのためには、さらにアセスメントの質問に答える必要があります。これらの質問への回答は、具体的な支援計画を策定するのに役立ちます。行動の4つの基本的な機能に関するアセスメントの追加質問を以下に示します。

注意により維持されている行動について

　問題提起行動を取る人が求めている注意注目の質とはいかなるものですか？

■どんなことでも気になりますか？

■ピアからの注意ですか？

■大人からの注意ですか？

■それは独占的な注意ですか？

■高強度の注意ですか？

■身体的な注意ですか？

■ある特定の人からの注意ですか？

■この種の注意と注意の間、どのくらいの時間、問題提起行動を取らないですみますか？

　これらの質問への回答を用いて、支援策を導きます。たとえば、子どもが問題提起行動によって高強度の注意を引いている場合は、その子の行動に関係なく、注意を向けることをたっぷりスケジュール化すべきです。さらに、注意を引くために適切な方法を使っているのを見たら、快活に高強度で褒めるべきです。さらに、高強度の注意が得られるゲーム（たとえば、くすぐりタグ[3]）を要求することを教え、そういう要求を最初から一貫して強化します。最後に、子どもが問題提起行動によって注意を引くことにならないようにします。

　すべての要因を一貫してコントロールすることはできませんが（ピアの注意など）、自分の力を最大限発揮することで、驚くほど多くのことを成し遂げることができるのです。たとえば、ある子どもがクラスメートの注意を引くために問題提起行動（例：嫌味を言う）を使っているとしましょう。クラス全体に随伴性を設定すると（授業中に他の生徒の嫌みな発言を笑うと、5分間分の宿題が追加されるというルールを確立するなど）、ピアからの注意を十分にカットすることができ、支援の効果が上がります。

3　〔訳注〕https://www.youtube.com/watch?v=zVbaBr4UhMM

逃避により維持されている行動について

■その自閉症の人は、何から逃避しようとしていますか？

■要求されていることは、難しすぎますか？

■要求されていることは、退屈すぎますか？

■要求されていることは、好きではない材料に関するものですか？

■要求されていることは、ある種の刺激に関連していますか？

■要求されていることは、対人的なことですか？

■要求されていることは、特定の人に向けたものですか？

■要求されていることは、長く続きすぎますか？

やはり、これらの質問への回答を中心に支援を策定します。たとえば、課題が退屈すぎるために、問題提起行動が生起したと判断することがあります。その場合は、課題を少し難しくし、もっと好きな教材を使用し、もっと好まれる形式（たとえば、問題用紙を仕上げさせるのではなくゲームにするなど）で目標に取り組ませることができます。新しい課題を適切に要求することを教え、最初は一貫して適切な要求を強化します。問題提起行動の結果が、要求されたことからの逃避になってはいけません。

　あなたが除去したくない刺激や人物を除去すると、行動が強化されることがあります。たとえば、入浴から逃避や回避するために、子どもが問題提起行動を起こすことがあります。しかし、入浴回避を要求することを教えるだけではいけません。清潔でなければならないからです。この場合、子どもが最も嫌う要因を、あなたは探し出そうとするかもしれません。たとえば、シャンプー中に顔に垂れてくる水を特に嫌がりますか？　それなら、シャンプーハットを着用させることで、問題が解決する可能性がありま

す。彼は手ぬぐいが嫌いですか？ それなら、スポンジを使って
みてください。

　同様に、子どもたちは問題提起行動を使って、特定の人々、例
えば兄弟姉妹や特定の指導者などとの接触を回避することがあり
ます。しかし、これらの人々から永久に逃避することは選択肢と
はなりません。このような場合、上記の入浴の例と同じやり方を
します。子どもが嫌悪感を覚えるのは、その人のどういう点なの
かを特定してください。兄弟姉妹がいると、お母さんからの注意
が減るということでしょうか？ それなら、おそらく実際に注意
が分割されていることに基づいて関わる必要があります。兄弟姉
妹は何かポジティブな活動に関係していますか？ そうでないなら、
兄弟姉妹を子どもの特別な楽しみや活動と対にすることが役立つ
場合があります。時に、ASD の人は、香水の匂いやきしむスニー
カーの音など、その人特有の要因のために、特定の人を避けるこ
とがあります。いったん特定されると、これらの要因には簡単に
対処できます。

モノや活動へのアクセスによって維持されている行動について

- ■本人はその問題提起行動からどのような活動またはモノを取
  得しますか？
- ■終わりの時間になってアクセスを断念するときに、その問題
  提起行動が生じますか？
- ■アクセスを待つ必要があるときに、その問題提起行動は生じ
  ますか？
- ■シェアする必要があるときに、その問題提起行動は生じます
  か？

■交代する必要があるときに、その問題提起行動は生じますか？
　行動計画の上述のアイデア・リストと同様に、これらの質問への回答を中心に支援を策定します。たとえば、順番を交代する必要があるときに生じる問題提起行動への取り組みは、子どもが1日中そのアイテムにもっと多くアクセスできるようにし、自分の番を断念しなければならなくなるまでの残り時間を予告し、もう少し追加時間を要求することを教え、当初はその要求ができたときに強化し、シェアしたことで強力な強化子を与え、問題提起行動を取っている場合でもシェアすることを求めるということです。

自動強化によって維持されている行動について

■その問題提起行動で得ている感覚は、正確には何ですか？
■その問題提起行動は医学的な問題に関連していますか？（例：
　耳の感染症罹患時の頭叩き）
　自動強化行動は、取り組むのが最も難しい行動です。まず、子どもがその行動から得ている感覚を確定することが難しいことがあります。可能であれば、自分でその行動を試し、どのような感覚かを体験して確認してください。自動強化行動に関連する感覚でよくあるものとしては、前庭刺激（例えば、ロッキングや回転によるもの）、めまい、視覚入力（例えば、手をひらひらさせるのを見る、またはフェンスのそばを走って行ったり来たりする）、心地よい手触り感（例えば、ストッキングをなでる触感、または柔らかい素材の触感）、瞑想状態（ハミングやロッキングなど）、楽しかったことの追体験（独語や歌うことによって）といったことがあります。
　自傷行為からどんな望ましいフィードバックが得られるのか、と思われる方も多いのではないでしょうか。一説によると、怪我をしたときに脳内で自然に分泌されるエンドルフィン（安らぎや

幸福感をもたらす化学物質）が、一般の人よりも活発に分泌されているのではないかと言われています。そうであれば、自傷行為が《恍惚感》につながることも納得できます。

　自傷行為や危険な行動の場合など、自分でその行動を試すことができない場合は、試行錯誤を繰り返して、その行動から何が得られるかを判断する必要があります。明らかに、その行動が医学的問題に関連している場合は、その医学的問題を治療します。

　その行動から本人が得ている感覚が理解できたら、その人にとって同じ刺激となるもっと適切な刺激源を考えてみてください。一般的な例としては、ロッキングする人にはロッキング・チェア、一人で歌う人にはポータブルMP3プレーヤー、手をひらひらさせる人には団扇や扇子、自分の手を布で包み込む人には手袋を用いるなどが挙げられます。

　行動を特定の場面に関連付けることもできます。たとえば、子どもが独語できる唯一の場所となる椅子として「トーキング・チェア」を設置してみることもあります。次に、子どもが独語しているのを見たときはいつでも、子どもをその椅子に誘導します。この方法は、動機を満たすために他者を必要とする人にも役立ちます。たとえば、ダラがOne-Dについて誰かと話したい場合、ある特定の場所で話を聞く特定の人を指定することもできます。たとえば、ダラは自分の部屋で母親となら話すことができます。彼女が学校でOne-Dについて話し始めたら、先生はそれを中断させて、One-Dについて話し合うことは彼女と母親の間での特別なことであると告げることができます。自宅では、「自分の部屋に行ってOne-Dについて話してもいいですか？」と母親に要求することをダラに教えます。その後、タイマーを設定して、非難されることなく、自分のニーズを満たすことができます。One-Dトークが他の環境で、または他の人から応じてもらえない限り、

ダラはすぐにこのように要求することを学習します。

　私たちは日常生活で、このような随伴性を常に学習しています。たとえば、私たちには、噂話をする友人としない友人がいるものです。私には、クッキーを一箱全部食べたことを告白できる友人と、告白したらうんざりする友人がいます。私たちはこれらの随伴性をすぐに学習し、実行できたら強化を得ます。

　一般に、自動強化行動に対する効果的な支援は、本人が求めている刺激が得られる無害な方法を見つけることに焦点を当てます。その新しいスキルを教えないまま、ただ行動を止めようとするだけでは、本人が自分のニーズを満たす方法が他にはないままなので、支援の効果は上がることはありません。

　自動強化行動を標的とする最も簡単な支援方法の１つは、好きなモノ、人、活動で環境を豊かにすることです。ASD の人は、外部から十分な刺激を与えられると、自分で刺激を与える必要性を感じなくなることがよくあります。

機能に合わせた支援

	人からの注意注目によって維持されている	モノへのアクセスによって維持されている	要求からの逃避によって維持されている	自動強化によって維持されている
先行事象に基づく支援方法	非随伴的に注意を向ける。適切な対人交流の機会を増やす。	好きなモノに非随伴的にアクセスさせる。好きなモノを適切に要求することを教える。	頻繁に休憩を提供する。一歩下がって、前もって必要なスキルを持っているかどうかを確認する。	一日のうちの特定の時間帯にその行動を許す（危険ではないことを確認して）。問題提起行動に競合するものを導入する。
結果事象に基づく支援方法	注意を適切に要求することを強化する（FCT）。	好きなモノを適切に要求することを強化する（FCT）。消去（問題提起行動に続いて好きなモノにアクセスすることはさせない）。	逃避/休憩を適切に要求することを強化する（FCT）。逃避消去（問題提起行動に続いて休憩は与えない）。	その行動を取ることを適切に要求することを強化する（FCT）。分化強化（例えば、DRO、DRI）。
禁忌の方法	叱責	「譲歩」（モノへのアクセスを許す）	タイムアウト	投薬のみ

第11章　特別な状況と
トラブル解決作業

　自閉スペクトラム障害の子どもや大人の場合、最も難しい問題
提起行動を除き、あらゆる行動をアセスメントするためには、こ
れまでに紹介した情報やガイドラインで十分であり、効果的な支
援につながります。とはいえ、さまざまな理由で特別な注意が必
要な場面もあります。例えば、青年や成人の機能的行動アセスメ
ントを行う場合や、危険だが頻度の低い行動をアセスメントする
場合には、留意すべき特別な考慮事項があります。このような課
題に対応するためには、機能的行動アセスメントの"スペシャリ
スト"になる必要があります。このような特殊な集団や状況に対
応するためのアイデアや、行動の機能や支援方法が明確でない場
合のトラブル解決作業についてのアイデアは、以下の通りです。

青年と成人

　青年や成人の機能的行動アセスメントを行う際には、子どもの
場合と同じ一般的な方法を用いますが、いくつか特別に留意すべ
き検討事項があります。

安全性に関する問題

なによりもまず、本人の体格を考えてください。青年や成人は、幼い子どもよりも体が大きく、力も強いので、行動がエスカレートする場合には特に注意が必要です。子どものアセスメントを行うときと同様に、誰かが危険にさらされているアセスメントは必ず中止し、直ちに危機管理モードに切り替えてください。《危機管理》モードは、ある行動に対する長期的な支援が、もはや優先事項ではないことを意味します。それよりも、全員の安全を確保することが先決課題です。問題提起行動を終わらせるためには、実際に強化する必要があるかもしれません（何がそうさせるのかがわかっている場合）。問題提起行動の支援ということでは直感に反しますが、常識（安全第一！）の範囲内では論理的な選択です。徹底的なアセスメントと支援によって、その後フォローすることができます。

記載されているアセスメント方法の中には、実際に問題提起行動を誘発するものもあり、さらにはその行動の強度を高めるものもあります。攻撃的、自傷的、破壊的な行動をアセスメントする際には、危機管理手順の訓練を受けた経験豊富な行動分析家の監督なしに、これらのアプローチを使用しないでください。そのような監督が得られない場合は、全員の安全を確保しつつ、その人の行動の機能を特定できるような施設への入所や入院を検討しましょう。お住まいの近くの入所入院施設を探す際には、学区または地元の認定行動分析士（https://www.bacb.com/ を参照）にご相談ください。

最終的な安全上の注意として、危険な行動をとる可能性のある青年や成人への支援策を選択する際には、可能な限り確立操作

（EO）と直前の先行事象の変更に基づく支援に頼ることを検討してください。これは、あなたがその行動に対応する必要があるのではなく、その行動が全く起こらないようにすることで、みんなの安全を守ることになります。

　私が担当したクライアントの中には、問題提起行動を予防するために、こうした事前介入を恒久的に続けてもいいのか、という疑問を抱く人もいます。このような支援を常に必要としているようでは、その人は自立して機能できていないのではないかと心配しているのです。例えば、深刻な破壊的行動を予防するために、人からの注意、例えば笑顔を向けてもらったり背中を軽く叩いてもらったりするなどを、15分ごとに必要とするASDと知的障害の若い男性の場合を考えてみましょう。この支援を恒久的に維持することを私は勧めるでしょうか？　私は絶対に勧めます。周囲の人々に大きな困難をもたらすものでなければ、深刻な問題提起行動を回避するために支援を恒久的に残すことは価値のあることでしょう。

　車椅子や点字を必要とする障害の人がいるように、別の形の支援を必要とする障害の人もいるのです。必要なものを提供することが可能である限り、重大な問題提起行動を予防するための支援がその人に「必要であるのかどうか」については、私は気にしません。その支援なしで生きるよう、その人に教えることは可能かもしれません。しかし、生活の質を改善し、同時にその支援なしで生きることを教えることに伴うリスクはすべて回避してみてはいかがでしょう？

新しい行動を学習するのに十分な時間を与える

　青年・成人の問題提起行動に取り組む際に、もう1つ考慮すべ

きことは、その問題提起行動を取ってきた期間です。その行動にもよりますが、その人は非常に長い間、何らかの問題提起行動を効果的に実践してきたのかもしれません。問題提起行動の実践期間が長ければ長いほど、その行動を置き換えるのに時間がかかります。例えば、正月明けの小切手に前の年を記入したことはありませんか？　前の年を書くという、頻繁に実行してきた行動の脱学習には時間がかかります。新しい家に引っ越したとき、封筒に誤って以前の住所を書いてしまったことはありませんか？　あなたは長い間、前の住所を書いてきたので、その行動をやめるには、それなりに時間がかかります。ある行動が長く続いている場合、アセスメントの過程で誘発するのは簡単ですが、支援時にうまく対処するには時間がかかるはずです。

　逆に，青年や成人が年齢を重ねているからといって，適切な行動を学習する機会があったはずだとは思わないことです。年齢が高い自閉スペクトラム障害の人が子どもだった頃の指導方法は、今日ほど洗練されてはいなかったのです。年々、この分野は進歩しており、既存の指導方法が改善される可能性があります。青年や成人の機能的行動アセスメントを行う際には、コミュニケーション・スキルのアセスメントに加えて、その人はどのような活動を自立して行えるのかを確定することにも特に注意を払います。また、その人が自分の好みにどれだけアクセスできるのかにも注意してください。特に、教育歴が短い人の場合は、本人の好みを他の人はほとんど知らないことがあります。その結果、その人の人生には豊かさがとても必要とされるでしょう。

　このような状況にある人のアセスメントの一環として、豊かな環境下と貧しい環境下での行動の強さを比較することがあります。例えば、人生の大半を入所施設で過ごし、現在はグループホームに入居している成人を想像してみてください。この人は、最初は

多くの重大な問題提起行動を呈するかもしれません。グループ
ホームのスタッフがその人と親しくなるにつれ、その人は散歩を
するのが好きであることや、テレビ番組「ホイール・オブ・フォー
チュン」を見るのが好きなことが分かってくるかもしれません。
また、好きな食べ物はワッフルで、好きな飲み物は紅茶であるこ
とが分かるかもしれません。好みのモノや活動を手に入れるため
に、要求スキルをその人に教えることもできるでしょう。さらに、
施設にいたときよりもはるかに多くの注意注目を浴びることにな
るかもしれません。この新しい豊かな環境で、問題提起行動が減
少しないとしたら、それは非常に驚くべきことです。その人のニー
ズが満たされることが増え、ニーズを満たすためのスキルが増え
れば、問題提起行動を取る理由はますます少なくなっていくでしょ
う。

アセスメントに適した設定を選ぶ

　最後に、青年や成人を対象とする場合、家庭外や学校外で起こ
る行動をアセスメントする必要があるかもしれません。例えば、
職場で起こる問題提起行動をアセスメントしなければならないか
もしれません。職場でその行動を取らせることは、その場に居合
わせた顧客や他の従業員に恐怖と混乱を引き起こす可能性があり
ます。このような場合には、本人の教室や自宅など、コントロー
ルされた環境で、できるだけ現場の状況を再現しなければならな
いかもしれません。そのためには、アセスメント・チームのメンバー
がロールプレイをしたり、職場の人に教室や自宅へ来てもらった
りすることが必要になるかもしれません。
　グループホームのような監督された環境で生活している人に
とっては、アセスメントを実施する際にプライバシーに関する懸

念が生じるかもしれません。例えば、ある特定の住人の問題提起行動やアセスメント条件に関する情報に、他の住人がアクセスできてはいけません。他の住人に気づかれずにアセスメントを行う場所を見つけることは、難しいかもしれません。

特に難しいのは、ASD の成人が同居人に迷惑をかけるような問題提起行動を起こしたり、同居人からの問題提起行動を誘発したりする場合です。可能な限り、同居人の安全を確保し、必要以上の情報を提供することなく、問題提起行動に対処しているということを伝えなければなりません。

アセスメントを行う際には、これらの要因を念頭に置いてください。必要な情報を収集するために、必ず関係するスタッフに話を聞いてください。

稀ではあるが危険な行動

問題提起行動の中には、生起頻度が非常に低いにもかかわらず、人や財産に重大なリスクをもたらすものがあります。これらの行動の重大性は支援を必要としますが、その生起頻度の低さが支援を困難にしています。その行動はめったに生じないため、その行動の自然発生的なパターンを観察したり、その行動を誘発する状況を作り出したりすることが難しい、あるいは不可能な場合があるのです。例えば、私（BG）が担当したある青年は、学校から帰るバスの中での攻撃的な行動やかんしゃくがひどく、運転手が身の危険を感じて車を止め、学校関係者を呼んで生徒を迎えに来てもらわねばなりませんでした。このようなことが年に 2 回ありました。ご想像のとおり、観察データがほとんどなかったため、行動の機能に関する情報を集めることが非常に困難でした。

このようなタイプの行動に対しては、特別なアセスメント手続

きが必要です。他の行動と同様に、支援チームを編成し、その行動を定義し、それが生起した場合の測定方法を決定します。しかし、他の行動のようにはベースラインを定めることができないかもしれません。なぜなら、パターンを確定するには、生起と生起との間の時間が長すぎるからです。その代わりに、本人やその行動に詳しい人にインタビューして、行動のパターンについて、できるだけ多くの情報を集めることに頼らざるを得ません。また、行動を観察したことのある人に、記憶からA-B-Cデータシートに記入してもらいます。

　他の人の記憶に頼るのは理想的ではありませんが、複数の観察者から一貫した回答が集まれば、結果的に仮説を裏付けることができます。これらの情報収集法に基づいて、あなたはその行動の考えられる機能についていくつかアイデアを導き出し、暫定的な支援を実施し、その行動が再発した場合にはそれについてもっと多くの情報を収集することの準備が整うのです。

　最後に、全員の安全を守るために、その時々にその生徒に責任を持つ人全員に、危機管理方法のトレーニングを提供しなければなりません。バスの中で危険な行動をとった上述の生徒については、ほとんど注意を向けてもらえず、他にすることがないときに、問題提起行動を起こす可能性が最も高いことが、近くにいた人へのインタビューからうかがえました。そこで、バスの中で食べる好きなお菓子の袋詰めや、バスの中でできる活動を提供し、運転手は数分ごとに短時間彼とやりとりすることを訓練されました。この方法は、彼の攻撃的な行動の再発予防に効果的でした。

トラブル解決作業

　自閉スペクトラム障害の人に機能的行動アセスメントを用いる

際に生じる問題には、大きく分けて２種類あります。問題が生じるのは、

1．アセスメント結果に一貫性がなく、行動の機能を決定することが困難な場合。
2．行動の機能を決定できたと思っても、その機能を考えて策定した支援がうまくいかない場合。

アセスメント結果に一貫性がない場合

まず起こり得る問題は、非常に一貫性のないアセスメント結果だということです。この場合、以下のいずれか、またはすべてが当てはまります。

■チーム・コーディネーターがインタビューした人たちは、それぞれ異なる情報を提供し、なぜその行動が生じているのかについて異なる意見を持っている。
■行動の実際の先行事象と結果事象について、２人の報告者の意見が一致しない。
■観察データが一貫性のない結果を出している。

　行動があまりにも不明確なため、アセスメント結果が一貫しないことがあります。また、別々の観察者や報告者が、自分たちが確認しようとしている行動について先入観を持っていることもあります。また、報告者たちが、何らかのイメージを描かなければならないというプレッシャーを感じているために、矛盾した報告になることもあります。例えば、指導スタッフは、自分の生徒の勉強内容があまりにも面白くないために、その行動が生じるとは言いたくないでしょう。このような問題を疑ったときには、正面から向き合い、あなたのアセスメントはスタッフの仕事の査定ではない、ということをスタッフに伝えてください。

　しかし、努力してもなかなかうまくいかないこともあります。一度に1つの要因だけをアセスメントするようにして、独創力と観察力を持って仮説を立ててください。

　最善の努力をしても解決しない場合は、注意の獲得、要求からの逃避、好みのモノへのアクセスに対処する支援を試みてみましょう。例えば、1）考えられる3つの強化子すべてに対する適切な要求の仕方を子どもに教える、2）問題提起行動が生じても、それにはまったく反応しないように最善を尽くす、3）注意、好きなモノや活動、興味深く機能的な課題で子どもの環境を豊かにするなどです。これにより、問題提起行動が減少する可能性がありますが、その理由はわからないかもしれません。

支援がうまくいかない場合

　起こりうる2つ目の問題は、支援に関するものです。あなたは徹底的な機能的行動アセスメントを完了し、行動の機能を特定したと確信しています。その結果に基づいて支援を展開しましたが、うまくいかなかったということです。まず、支援のさまざまな特徴を検討しましょう。

■特定した機能に実際に合致しているか？

■EO、先行事象、代替行動、結果事象に対処しているか？

■計画通りに実施されているか？　その行動に遭遇するすべての人によって実施されているか？

　これらの質問の答えがすべて「はい」であれば、その行動の簡単な再アセスメントを実施する必要があるかもしれません。行動の機能が変化することはあり得ます。例えば、私（BG）が担当したある子どもは、授業中によく唾を吐きました。この行動に対する支援の一環として、唾をすぐに拭き取らせることにしました。

授業中に唾を拭き取るため、しばしば勉強が遅れてしまい、毎日の勉強量が減ってしまうことになりました。この生徒はすぐに、唾を吐くという行動を、授業からの逃避という第2の機能に利用することを学習しました。自動強化に加えて、この逃避行動に対処するための新たな計画を立てる必要がありました。この計画では、この生徒の課題をもっと適切で興味深いものに変更し、休憩を要求する適切な方法を教え、教室内での唾吐きは無視し、トイレに唾を吐くことを要求できるようにしました。

　計画が策定された後に、行動を再アセスメントする必要がある場合は、簡単なアセスメントで十分かもしれません。何と言っても、行動はすでに定義され、測定システムはすでに開発されているでしょうから。ほんの2、3回のインタビューと構造化された観察を検討してください。この簡単なやり方は、計画が子どもの環境をどう変えたかを慎重に考えることと相まって、支援を成功させることにつながります。

　行動によっては、変化させるのに少し時間がかかる場合があります。行動は、これまでの持続期間が長ければ長いほど、変えるのに時間がかかることを思い出してください。このような行動は、その人が代替行動を実践し、強化を受けることで、やがて置き換えられていきます。小切手に正しい年を書く例に戻ると、私たちはいずれ正しい年を書くことを学習します。同じように、転居後に《自動操縦》で運転していて、以前の家に向かっていることに気づくという場合でも、やがては新しい家に向かって運転するようになります。問題提起行動も同様で、いずれは置き換えられます。

　回避に基づく行動の中には、特に変えるのが難しいものもあります。恐れている状況を回避するたびに、その人の逃避行動は強くなっていきます。3歳の女の子、リリーのことを想像してみてください。リリーは痛みを伴う尿路感染症にかかり、排尿を拒否

するようになりました。リリーは病院に連れて行かれ、カテーテル治療を受けなければなりませんでしたが、このつらい経験の後もまだ排尿を拒んでいます。リリーは排尿とそれに伴う痛みを回避するたびに、回避行動が強化されていきます。リリーは間欠スケジュールで排尿痛を経験していたので、1度や2度排尿時に痛みがなかったとしても、次の排尿時にも痛みがないとは思えないのです。

　このような性質の回避行動に対しては、いくつかの方策を考える必要があります。まず、可能であれば、恐れている出来事が起こったときにどのように対応したらよいかを教えます。たとえば、リリーには、排尿を途中で止めれば、どんな痛みもすぐに止まることを思い出させることができます。また、行動を完了することを説得するために、強い動機づけを用いることも検討します。リリーの場合は、アイスクリームというご褒美（非常に好きな結果事象）につながる星取表を使うことで、実際に排尿を再開させることができました。最後に、回避される行動やモノに遭遇する環境を変えることを考えます。リリーの場合、彼女がいつも使っているトイレとは別のトイレを試してみたり、トイレの上におまるシートを追加したり、トイレを新しいキャラクターのタオルや絵で模様替えしたり、取り外し可能なシールでトイレのふたをリリーにデコレーションさせたりすることも考えられます。

成功例

アーロン

　アーロンはASDの15歳の少年でした。アーロンが人と接するときのお気に入りの方法は、人を突いたり、叩いたり、くすぐったりすることでした。アーロンは、同級生、教師、両親、兄弟姉妹、

家に遊びに来た親しい大人などを突きました。アーロンはインクルーシブ教育を受けていたため、この行動によって彼にはよくないレッテルが貼られました。インクルーシブなキャンプに参加していたとき、アーロンは不幸にもグループの男の子たちを小突いたために、彼らからひどくいじめられることになりました。アーロンはいじめられてショックを受けましたが、それでも突くことに固執しました。

インタビューや観察では、その行動が注意によって維持されているのか、それとも自動強化に基づいているのか、判断にいささか迷いました。先行操作により、この行動は主に自動強化の機能を果たしていると判断されましたが、チームメンバーの中には、この行動の機能は注意獲得であると激しく主張する人もいました。チームメンバーは、自動強化機能を最初に治療することに合意しました。そうすれば、行動がどの程度残っているか、それはどのような場面で起こるかを確認できるだろうと考えました。

支援としては、「くすぐりタイム」を要求することをアーロンに指導し、また、毎日少なくとも1回は要求できるようにしました。「くすぐりの時間」は当初、アーロンの母親だけがいるプレイルームでもたれましたが、触られる強さを母親が嫌がるようになると、アーロンの1対1対応の指導員に交代しました。アーロンが「くすぐりタイム」以外の時に突き始めたら、「くすぐりタイム」が使える特定の時間と場所があることを思い出させました。「くすぐりタイム」では、アーロンと指導員は、突いたり、叩いたり、くすぐったりして、笑い、大いに楽しみました。学年末には、アーロンの突く行為は、指定された「くすぐりタイム」以外のすべての場面から完全に消えていました。実際、この行動に関連していると思われる注意の問題に対処する必要はまったくありませんでした。

ソフィー

　ソフィーは 5 歳の女の子で、他の子どもたちが大好きでしたが、他の子どもたちとうまくやりとりを始めるためのソーシャル・スキルが不足していました。集団の中では、ソフィーはすぐに他の子どもたちに近づき、笑いながら挑発していました。他児を押したり、おもちゃを盗んだり、髪を引っ張ったりすることもありました。インタビューと構造化された観察によって得られた情報によると、他児からの注目を得るために、ソフィーはこのような行動をとっていることが強く裏付けられました。この 2 つのアセスメント方法から十分な確信が得られたため、さらなるアセスメントは必要ないと判断されました。

　やり取りを開始するソフィーの乱暴なやり方に対処するために、友だちと遊ぶ約束の日やグループでの社交活動の直前に、友だちに対して使う言葉を台本の形でソフィーに用意しました。具体的には、友だちに使える 3 つのコメントや質問を、毎回モデルとしてソフィーに提示しました。さらに、ソフィーは、やりとりの間ずっと何も触らなかったら、10分間の追加の遊び時間を約束されました。ソフィーの身体的行動と、モデルのフレーズを使ったかどうかについてのデータを収集しました。ほとんどすぐに、ソフィーは攻撃的な方法を、新しくモデリングされたフレーズに置き換えました。2 か月後、ソフィーは以前モデリングされたフレーズを般化し、独自の会話のきっかけを作るようになりました。最終的には、モデリングをやめても、ソフィーは他の子どもたちに手を出さないようになりました。適切なやりとり開始方法に対する他児からの自然発生的な強化は、ソフィーが新たに獲得したスキルを維持するために必要な動機づけとなりました。

ラモーン

　ラモーンは 18歳の自閉症の男性で、問題提起行動をとる人のためのデイ・プログラムに参加していました。ラモーンは頻繁にスタッフや他の利用者、来訪者を殴っていました。インタビューと観察の結果、ラモーンは、周りに人が多かったり、やるべき仕事があったり、社交上の要求があったり、食べ物や飲み物が欲しかったりすると、他の人を殴る傾向があることがわかりました。ラモーンの行動には特に優勢な機能は認められませんでした。さらに、先行操作をしたところ、ある機能が他の機能よりも強いということもありませんでした。

　ラモーンの行動は非常に激しいため、これまでは要求や制限からは自由にして好きなことをさせてきました。以前のスタッフが彼に教育的な要求をすることをためらっていたこともあり、うなり声とわずかなジェスチャーの他には、コミュニケーション・システムをラモーンは持っていませんでした。

　最初のステップとして、ラモーンの環境は「ペアリング」の手順によって豊かになりました。つまり、スタッフや新しい環境と好きなモノや活動とを関連付けることを試みました。ラモーンには、好きなモノや活動に自由にアクセスできるようにしました。次に、いくつかの基本的なコミュニケーション・サインをラモーンに教えました。特に、特定の食べ物を要求すること、スペースを要求すること、休憩を要求すること、そして注意を要求することを教えました。最後に、ラモーンが殴るたびに、スタッフは身の危険を感じたので、ラモーンを拘束することは続けました。これらの簡単な変更により、ラモーンの攻撃的な行動は大幅に減少しました。この改善は長期間維持され、ラモーンの家庭にも引き継がれました。最終的に、ラモーンの攻撃性は非常に減少し、監督付きの仕事を得て、学校の外でも働けるようになり

ました。

文 献

Bloom, S. E., Iwata, B. A., Fritz, J. N., Roscoe, E. M., & Carreau, A. B. (2011). Classroom application of a trial-based functional analysis. *Journal of Applied Behavior Analysis*, 44, 19-31.

Bloom S. E., Lambert, J. M., Dayton, E., & Samaha, A. L. (2013). Teacher-conducted trial-based functional analyses as the basis for intervention. *Journal of Applied Behavior Analysis*, 46 (1), 208-18.

Borrero, C. S. W., & Borrero, J.C. (2008). Descriptive and experimental analyses of potential precursors to problem behavior. *Journal of Applied Behavior Analysis*, 41 (1), 83-96.

Carr, E. G., & Durand, V. M. (1985). Reducing behavior problems through functional communication training. *Journal of Applied Behavior Analysis*, 18, 111-26.

Catania, A. C. (1998). *Learning*. Upper Saddle River, NJ: Simon & Schuster.

Crone, D. A., Hawken, L. S., & Bergstrom, M. K. (2007). A demonstration of training, implementing, and using functional behavioral assessment in 10 elementary and middle school settings. *Journal of Positive Behavior Interventions*, 9 (1), 15-29.

Durand, V. M. & Crimmins, D. B. (1988). Identifying variables maintaining self-injurious behavior. *Journal of Autism and Developmental Disabilities*, 18, 99-117.

Ferster, C. B. (1958). Control of behavior in chimpanzees and pigeons by time out from reinforcement. *Psychological Monograph*, 72, 108.

Frea, W. D., & Hughes, C. (1997). Functional analysis and treatment of social-communicative behavior of adolescents with developmental disabilities. *Journal of Applied Behavior Analysis*, 30, 701-704.

Fritz, J. N., Iwata, B. A., Hammond, J. L., & Bloom, S. E. (2013). Experimental analysis of precursors to severe problem behavior. *Journal of Applied Behavior Analysis*, 46, 101-129.

Iwata, B. A., Pace, G. M., Dorsey, M.F., Zarcone, J. R., Vollmer, T.R., Smith, R. G., Rodgers, T. A., Lerman, D. C., Shore, B.A., Mazaleski, J. L., Goh, H.-L., Cowdery, G. E., Kalsher, M. J., McCosh, K. C., & Willis, K. D. (1994). The functions of self-injurious behavior: An experimental-epidemiological analysis. *Journal of Applied Behavior Analysis*, 27, 275-40.

Iwata, B. A., Dorsey, M. F., Slifer, K. J., Bauman, K. E., & Richman, G. S. (1982). Toward a functional analysis of self-injury. *Analysis and Intervention in Developmental Disabilities*, 2, 3-20.

Kern, L., Dunlap, G., Clarke, S., & Childs, K. (1994). Student-assisted functional assessment interview. *Diagnostique*, l9 (2-3), 29-39.

Kwak, M.M., Ervin, R. A., Anderson, M. 2., & Austin, J. (2004). Agreement of function across methods used in school-based functional assessment with preadolescent and adolescent students. *Behavior Modification*, 28 (3), 375-401.

Lambert, J. M., Bloom, S. E., & Irvin, J. (2012). Trial-based functional analysis and functional communication training in an early childhood setting. *Journal of Applied Behavior Analysis*, 45 (3), 579-84.

Laraway, S., Snycerski, S., Michael, J., & Poling, A. (2003). Motivating operations and some terms to describe them: Some further refinements. *Journal of Applied Behavior Analysis*, 36 (3) 407-14.

LaRue, R. H., Lenard, K., Weiss, M.J., Bamond, M., Palmieri, M., & Kelley, M. E. (2010). Comparison of traditional and trial-based methodologies for conducting functional analyses. *Research in Developmental Disabilities*, 31, 480-87.

LaRue, R. H., Sloman, K., Weiss, NI. J., Delmolino-Gatley, L., Hansford, A., Szalony, J., Madigan, R., & Lambright, N. (2011). Correspondence between traditional models of functional analysis and a functional analysis of manding behavior. *Research in Developmental Disabilities*, 32, 2449-57.

Love, J.R., Carr, J. E., & Leblanc, L. (2009). Functional assessment of problem behavior in children with autism spectrum disorders: A summary of 32 outpatient cases. *Journal of Autism and Developmental Disorders*, 39, 363-72.

McLaren, E. M., & Nelson, C. M. (2009). Using functional behavior assessment to develop behavior interventions for children in head start. *Journal of Positive Behavior Interventions*, 11, 3-21.

Ratner, S. C. (1970). Habituation: Research and theory. In J. H. Reynierse (Ed.), *Current Issues in Animal Learning* (pp. 55 B4). Lincoln, NE: University of Nebraska Press.

Reed, H., Thomas, E., Sprague, J. R., & Horner, R. H. (1997). The student guided functional assessment interview: An analysis of student and teacher agreement. *Journal of Behavioral Education*, 7 (1),33-49.

Repp, A. C., Felce, D., & Barton, L. E. (1988). Basing the treatment of stereotypic and self-injurious behaviors on hypothesis of their causes. *Journal of Applied Behavior Analysi*s, 21, 281-89.

Skinner, B. F. (1953). *Science and Human Behavior*. New York, NY: Macmillan. 河合伊六（訳）『科学と人間行動』（二瓶社）

Skinner, B. F. (1984). The operational analysis of psychological terms. *Behavioral and Brain Sciences,* 7, 547- 82.

Smith, R. G., & Churchill, R. M. (2002). Identification of environmental determinants of behavior disorders through functional analysis of precursor behaviors. *Journal of Applied Behavior Analysis*, 35, 125-36.

Thomason-Sassi, J. L., Iwata, B. A., & Fritz, J. N. (2013). Therapist and setting influences on functional analysis outcomes. *Journal of Applied Behavior Analysis*, 46, 79 -87.

Touchette P. E., MacDonald R. F., & Langer S. N. (1985). A scatter plot for identifying stimulus control of problem behavior. *Journal of Applied Behavior Analysis*, 18 (4), 343-51.

Vollmer, T. R., & Iwata, B. A. (1991). Establishing operations and reinforcement effects. *Journal of Applied Behavior Analysis*, 24, 279-91.

Wallace, M. D., & Iwata, B. A. (1999). Effects of session duration on functional analysis outcomes. *Journal of Applied Behavior Analysis*, 32(2),175-83.

Wilder, D. A., Register, M., Register, S., Bajagic, V., Neidert, P. L., & Thompson, R. (2009). Functional analysis and treatment of rumination using fixed-time delivery of a flavor spray. *Journal of Applied Behavior Analysis*, 42 (4), 877-82

付録A　行動頻度記録データシート

行動：

_____

_____

行動の定義：

_____

_____

_____

_____

日付：_____

観察者：_____

観察開始時刻：_____

観察終了時刻：_____

行動の総数：

行動の生起率（該当する場合）：　　　　　　／

日付：_____

観察者：_____

観察開始時刻：_____

観察終了時刻：_____

行動の総数：

行動の生起率（該当する場合）：　　　　　　／

日付：_____

観察者：_____

観察開始時刻：_____

観察終了時刻：_____

行動の総数：

行動の生起率（該当する場合）：　　　　　／

日付：_____

観察者：_____

観察開始時刻：_____

観察終了時刻：_____

行動の総数：

行動の生起率（該当する場合）：　　　　　／

付録B　行動持続時間データシート

行動：

_____

_____

行動の定義：

_____

_____

_____

_____

行動が生起するたびに、以下のスペースに持続時間を記録します。
行動が20回以上生起する場合は、２枚目のデータシートを使用
してください。

日付：_____

観察者：_____

観察開始時刻：_____

観察終了時刻：_____

持続時間１：_____

持続時間２：_____

持続時間３：_____

持続時間４：_____

持続時間５：_____

持続時間６：_____

持続時間７：_____

持続時間８：_____

持続時間 9 ：＿＿＿＿＿＿＿＿＿＿＿＿＿＿＿＿＿＿

持続時間10：＿＿＿＿＿＿＿＿＿＿＿＿＿＿＿＿＿＿

持続時間11：＿＿＿＿＿＿＿＿＿＿＿＿＿＿＿＿＿＿

持続時間12：＿＿＿＿＿＿＿＿＿＿＿＿＿＿＿＿＿＿

持続時間13：＿＿＿＿＿＿＿＿＿＿＿＿＿＿＿＿＿＿

持続時間14：＿＿＿＿＿＿＿＿＿＿＿＿＿＿＿＿＿＿

持続時間15：＿＿＿＿＿＿＿＿＿＿＿＿＿＿＿＿＿＿

持続時間16：＿＿＿＿＿＿＿＿＿＿＿＿＿＿＿＿＿＿

持続時間17：＿＿＿＿＿＿＿＿＿＿＿＿＿＿＿＿＿＿

持続時間18：＿＿＿＿＿＿＿＿＿＿＿＿＿＿＿＿＿＿

持続時間19：＿＿＿＿＿＿＿＿＿＿＿＿＿＿＿＿＿＿

持続時間20：＿＿＿＿＿＿＿＿＿＿＿＿＿＿＿＿＿＿

平均または合計（どちらか○で囲む）持続時間：　＿＿＿＿＿＿＿
＿＿＿＿＿＿＿＿＿＿＿＿＿＿

　（平均持続時間を計算するには、すべての持続時間を合計し、行動の生起数で割る。合計持続時間を計算するには、すべての持続時間を合計する。）

付録C　行動潜時データシート

行動：

_____

_____

行動の定義：

_____

_____

_____

_____

日付：_____

観察者：_____

観察開始時刻：_____

観察終了時刻：_____

活動や刺激は何だったか？	行動の潜時

平均または合計（どちらか○で囲む）潜時：＿＿＿＿＿＿＿＿

　（平均潜時を計算するには、すべての潜時を合計し、行動の生起数で割る。合計潜時を計算するには、すべての潜時を合計する。）

付録D　行動強度測定用データシート

行動：

_____

_____

行動の定義：

_____

_____

_____

_____

日付：_____

観察者：_____

観察開始時刻：_____

観察終了時刻：_____

強度レベル この行動の強度レベルを記入する	頻度 この強度レベルで行動が生起するたびに、枠内に「正」の字を記入する	合計 レベルごとに「正」の字を付け、ここに合計を記入する	割合 合計を観察された時間で割る

付録E　タイム・サンプル・データシート

行動：

_____

_____

行動の定義：

_____

_____

_____

_____

日付：_____

観察者：_____

観察開始時刻：_____

観察終了時刻：_____

観察インターバルの長さ：

使用しているデータ収集手順を○で囲む：

　　　部分インターバル　　　瞬間タイム・サンプリング

インターバル番号 （必要に応じて、インターバル番号 の横に実際の回数を記入する）	行動の生起は…… 部分インターバルの場合は１回でも 瞬間タイム・サンプリングの場合、イン ターバルの終わりに	
1	Yes	No
2	Yes	No
3	Yes	No
4	Yes	No
5	Yes	No

6	Yes	No
7	Yes	No
8	Yes	No
9	Yes	No
10	Yes	No
11	Yes	No
12	Yes	No
13	Yes	No
14	Yes	No
15	Yes	No
16	Yes	No
17	Yes	No
18	Yes	No
19	Yes	No
20	Yes	No

（観察ごとにインターバル数が 20 を超える場合は、データシートを追加する。）

"Yes" の合計数: _____

（該当する場合）行動が生起したインターバルの割合： _____

（「Yes の合計数」を「Yes の合計数」＋「No の合計数」で割った数に 100 を掛けた％）

付録F　永続的所産データシート

行動：

_____

_____

行動の定義：

_____

_____

_____

_____

測定された所産:

日付：_____

観察者：_____

観察開始時刻：_____

観察終了時刻：_____

カウント合計数：_____

行動の割合（適用可能なら）：_____／（分、時間）

日付：_____

観察者：_____

観察開始時刻：_____

観察終了時刻：_____

カウント合計数：_____

行動の割合（適用可能なら）：_____／（分、時間）

日付：＿＿＿＿＿＿＿＿＿＿＿＿＿＿＿＿＿＿＿

観察者：＿＿＿＿＿＿＿＿＿＿＿＿＿＿＿＿＿＿＿＿＿＿＿

観察開始時刻：＿＿＿＿＿＿＿＿＿＿＿＿＿＿＿＿＿＿

観察終了時刻：＿＿＿＿＿＿＿＿＿＿＿＿＿＿＿＿＿＿

カウント合計数：＿＿＿＿＿＿＿＿＿＿＿＿＿＿＿＿＿

行動の割合（適用可能なら）：＿＿＿＿＿＿＿／（分、時間）

日付：＿＿＿＿＿＿＿＿＿＿＿＿＿＿＿＿＿＿＿

観察者：＿＿＿＿＿＿＿＿＿＿＿＿＿＿＿＿＿＿＿＿＿＿＿

観察開始時刻：＿＿＿＿＿＿＿＿＿＿＿＿＿＿＿＿＿＿

観察終了時刻：＿＿＿＿＿＿＿＿＿＿＿＿＿＿＿＿＿＿

カウント合計数：＿＿＿＿＿＿＿＿＿＿＿＿＿＿＿＿＿

行動の割合（適用可能なら）：＿＿＿＿＿＿＿／（分、時間）

付録G　A-B-C データシート

行動：

_____

_____

行動の定義：

_____

_____

_____

日付：_____

観察者：_____

セッティング	活動	先行事象	結果事象	考えられる機能

考えられる機能1：_____　生起総数：_____

考えられる機能2：_____　生起総数：_____

考えられる機能3：_____　生起総数：_____

考えられる機能4：_____　生起総数：_____

考えられる機能5：_____　生起総数：_____

付録H　記述分析データシート

行動：

_____

_____

行動の定義：

_____

_____

_____

_____

日付：_____

観察者：_____

共同観察者：_____

行動の事例ごとに、どの条件が設定されているかを示す文字を○で囲む。以下
のコードを使用する。

D = 要求　　　L = 低注意　　　R = アクセス制限　　　A = 単独

行動の事例	設定条件			適用可能なら、強度や持続時間を記入する
1	D	L	R	A	
2	D	L	R	A	
3	D	L	R	A	
4	D	L	R	A	
5	D	L	R	A	
6	D	L	R	A	
7	D	L	R	A	
8	D	L	R	A	
9	D	L	R	A	

10	D	L	R	A	
11	D	L	R	A	
12	D	L	R	A	
13	D	L	R	A	
14	D	L	R	A	
15	D	L	R	A	
16	D	L	R	A	
17	D	L	R	A	
18	D	L	R	A	
19	D	L	R	A	
20	D	L	R	A	
頻度の合計					
頻度、持続時間、強度の平均					

注：インターバル・データの場合は、そのデータシートをこのデータシートと組み合わせて使用してください。

付録 | 同意書

保護者様

　[　　　　　　　　　　　]のスタッフは、お子様の問題提起行動に効果的に対処する方法について詳しく知りたいと思っています。その行動に寄与する要因を決定するために機能アセスメントを実施する必要があるようです。その行動を維持する要因を評価するために、記述分析または機能分析、あるいは両方などのアセスメント方法を使用することがあり、私たちが提案する手順とすべての関連情報を添付します。この支援は体系的な実施を必要とする特別なものであるため、進める前にインフォームド・コンセント（同意書）が必要です。

　機能アセスメント手順に関する添付資料を確認してください。アセスメントの実施について質問や留保されたいことがございましたら、直接お問い合わせください。問題提起行動、その生起に寄与する要因、および私たちがどのように支援する予定であるかについて、十分にご理解なさってください。このプログラムに不安がおありなら、この書類に署名しないでください。お子様の先生や支援員と代替案について話し合われることをお勧めします。あなたからの許可が得られるまでは進めません。

　このアセスメント手順の実施に同意された後でも、アセスメントを終わらせたいと思われた場合は、お知らせいただければ、私たちはあなたの要求に応じます。同意書の使用は非常に堅苦しいと思われるかもしれませんが、この書面によるコミュニケーションによって、お子様に関係するすべての人がアセスメント手順とその使用理由を確実に理解できるようにすることが目的です。

　添付の資料をお読みの上、記載されているアセスメントの実施

に同意される場合は、プログラム・シートの署名欄にご署名ください。

機能アセスメント手順の概要

　発達障害のある人は、しばしば重大な問題提起行動を呈します。そのような問題提起行動には、攻撃行動、自傷行為、器物破壊、および自己刺激行動などがありますが、それだけではありません。問題提起行動の治療を成功させる上で、正確なアセスメントは重要です。本人は、いろいろな理由で問題提起行動を取ります。すなわち、（スタッフまたは仲間からの）注意注目を得るため、好きな物事へアクセスするため、または要求される状況（例えば課題）から逃れるためなどです。場合によっては、本人は、反応自体が生み出す結果（すなわち自己刺激）を得るために問題提起行動を取ることもあります。

　問題提起行動を維持している要因を正確に評価するために、一連の機能アセスメント手順を使うことになります。それには、親または教師へのインタビュー、記述分析、および機能分析があります。

インタビュー：インタビューは、本人に関する詳細情報をすみやかに入手するのに役立ちます。また、問題提起行動を引き起こす先行事象（または「引き金」）に関する貴重な情報をスタッフに提供します。さらに、インタビューから、問題提起行動の結果（つまり、人々がそれにどのように反応するか）に関する情報を得ることができます。情報が常に信頼できるとは限らず（つまり、別々の回答者が同じ行動について別々の解釈をする可能性がある）、バイアスがかかる（つまり、回答者が、問題提起行動は、最近教室で実際に生じた行動よりも悪い／良いと言うかもしれない）かもしれないので、行動

プログラムの開発のために、インタビューだけを用いるということはめったにありません。

記述分析：記述分析は、本人を観察し、問題提起行動に寄与しうる要因を評価するための有用な手段です。記述分析では、たいてい本人の自然環境（すなわち、学校、家庭）で観察します。問題提起行動の直前の事象（つまり、先行事象）と直後の事象（結果）についてデータを収集します。スタッフは、記述分析により、問題提起行動を維持している要因に関する客観的なデータを収集することができます。普段の状況で問題提起行動をアセスメントし、客観的なデータに基づいて決定を下す機会は、スタッフが問題提起行動に関して効果的な決定を下すのに役立ちます。記述分析を使用する際の主な欠点は、評価においてコントロールできる量が限られていることです。したがって、考えられる原因に関する仮説しか立てることができません。

機能分析：機能分析は、問題提起行動が生起する可能性が高い、および低い環境状況を特定するために使用する手順です。記述分析と同様に、機能分析も問題提起行動を維持している先行事象と結果事象を評価します。記述分析とは異なり、機能分析では、環境に体系的な変更を加えて、問題提起行動に対するさまざまな条件の影響を評価します。

　機能分析では、本人は、問題提起行動を引き起こすかもしれない状況と、引き起こさないかもしれない状況とにさらされます。これらの状況としては、課題を出されたり要求されたりする状況、人からの注意注目が一時的に差し控えられる状況（1～10分間）、好きな物事が一時的に差し控えられる状況（1～10分間）、および自由に遊べる状況があります。機能分析の際のコントロールの程

度を考えると、スタッフは問題提起行動を強化し維持している結果事象を正確かつ確実に特定できます。さらに、機能分析は、アセスメントと治療との間を直接かつ即時にリンクさせます。適応的な代替スキル（たとえば、音声や手話を使用して欲求やニーズを伝える）は、機能分析という状況で簡単に教えて評価することができきます。　機能分析は非常に便利ですが、多くの労力と時間がかかることがあります。

私/私たちは、私たちの子どものための機能アセスメントの実施に関する上記の説明を読み、説明のようにアセスメントを行うことに同意します。

_____

署名（親または保護者）/日付

_____

署名（親または保護者）/日付

付録J　AB機能分析データシート

時間（分）	注意あり	注意なし	好きなモノや活動へのアクセスあり	好きなモノや活動へのアクセスなし	課題あり	課題なし

付録K　先行操作データシート

行動：

_____

_____

行動の定義：

_____

_____

_____

_____

日付：_____

セッションの長さ：

観察者：_____

共同観察者：_____

ここに各条件を定義せよ：

1）

2）

3）

4）

5）

6）

条件	セッション1合計	セッション2合計	セッション3合計	総合計
1）				
2）				
3）				
4）				
5）				
6）				
各セッションで最も標的となる行動を引き出した条件はどれか？				

付録L　機能分析データシート

	シリーズ1	シリーズ2	シリーズ3	シリーズ4	シリーズ5
注意					
具体物					
要求					
単独					
遊び					

索 引

A-Z

A-B-C データ　　130-136
A-B-C データシート　　133, 205, 229
A-B-C 象限分析　　135-136
Carr, Ted　　19-21
Durand, Mark　　19-20
Frea, William　　50
Hughes, Carolyn　　50
Iwata, Brian　　18, 21, 158
Laraway, Sean　　36
Michael, Jack　　36
Skinner, B.F.　　43
Touchette, Paul　　128
Wallace, M.D.　　158

あ行

アイコンタクト　　50
アクセス制限　　144-145
安全　　69, 142, 153-154, 200-201
永続的所産　　89, 227-228
親
　　アセスメント・チームのメン
　　　　バーとしての　　60-61
　　心配　　70
　　同意書　　142-143, 232-235

か行

学習理論
　　概観　　30-45
　　強化と　　31-34
　　行動と　　43-44
　　弱化と　　34-35
　　先行事象と　　41-43
　　動機づけと　　36-40
　　問題提起行動と　　45-56

確立操作　　36-41
仮説
　　仮説検証のための行動誘発
　　　　141
　　仮説検証前に取る手順　　142-
　　　　144
　　仮説を立てる　　98, 127, 130
　　機能分析に関する仮説検証
　　　　147-153
　　先行操作についての仮説検証
　　　　141-147
仮説に基づく機能分析　　159
家族の事情　　70
かみつき　　78
感覚過敏性　　51, 193
観察
　　構造化されていない観察
　　　　126-128
　　こっそり観察　　149
　　散布図データ収集と　　128-130
　　同級生を観察　　127
　　ビデオ録画　　126-127
危機管理　　69
記述分析　　136-139
機能的行動アセスメント　　→行動支
　　　　援
　　アセスメント・チーム　　60-65
　　安全確保　　69, 200-201
　　一貫性のない結果　　206-207
　　仮説を立てる　　98, 127, 130
　　観察　　125-139
　　サマリー用紙　　181-183
　　支持する研究　　11, 19-22, 177
　　情報収集　　97-123
　　情報提供者　　65
　　成功例　　209-212
　　青年や大人への使用　　199-204
　　チームリーダー　　65
　　標的行動の選択　　66-70
　　標的行動の定義　　73-75
　　プライバシー　　203
　　フローチャート　　180

トラブル解決作業　205-209
理論的根拠　45-46
機能的コミュニケーション・トレーニング　21, 174
機能分析　141, 147-159, 161-162, 236-239
気分　58
休憩要求　174
強化
　強化への動機づけの効果　38-39
　行動への強化の効果　31, 57
　正の強化　31-32
　負の強化　32-34
教師　61, 63
兄弟姉妹
　FBA での役割　60-61
　葛藤　48
興味関心　26-27
具体物条件　149-150, 164, 175
グループホーム　203
結果事象
　確率　138
　強化　31-34
　研究　21-22
　弱化　34-35
　先行事象との関係　131
　定義　30
　変更　190-191
　例　132
嫌悪的な刺激　145
攻撃的行動
　青年や大人の　200
　例　6, 20, 24-25, 71-72, 204, 212
行動
　気分の影響　58
　強化の影響　30-31
　行動とコントロールの問題　55-56
　行動の機能　45-56
　行動の効率性　56-57
　行動の定義　43-44
　行動の無視　90
　適切な行動と不適切な行動の選択　56-58
行動支援
　機能的行動アセスメントに基づく支援計画 185-191
　行動支援の失敗　207-209
　行動の置き換え　188-190
　行動の機能に基づく選択　191-198
　弱化に基づく行動支援　34-35
　タイムアウト　17-19
行動持続時間データシート　220-221
行動測定
　強度　84-85, 224
　持続時間　80-82, 220-221
　潜時　82-84, 222-223
　頻度　80, 146, 218-219
　ベースラインの確立　90-95
　方法の選択　78
　理由　77
行動の割合　146
コミュニケーション
　コミュニケーションとしての行動　19, 23-24
　コミュニケーションの機能的トレーニング　21, 174
　コミュニケーション問題を提起する行動　54-55, 139, 211-212
　要求行動とコミュニケーション　172-176

さ行

散布図　128-130
サンプリング　85-89
試行に基づく機能分析　163-170, 177
自傷
　安全性の懸念　200
　研究　21-22
　例　8-9, 23-24, 38, 90, 188-189
　理由　18, 23-24, 196
自動強化行動　52-53
　支援　195-197
　進展　22
　先行事象の変更　188
　複数場面での　138-139
　例　132, 210
自閉スペクトラム障害
　感覚過敏性　51, 194
　機能的行動アセスメントへの本人の参加　64
　コミュニケーションの問題　23-24
　青年と成人　199-204
　狭い興味関心　26-27

ソーシャル・スキルの問題
24-26
弱化　15-17, 42
弱化刺激　42
順番交代　194-195
障害者教育法　11
消去　198
条件　136-138, 143-146, 148-152
条件つき確率　138
常同行動　53
職場でのFBA実施　203
事例
アーロン　209-210
アンソニー・カポゾリ　8-9,
23-24, 31, 40, 90, 188-190
グレイス・カーマイケル　6,
25
ジャマール・ブラウン　7, 50,
ジョー　71
ソフィー　211
ダラ・リットマン　7-8, 190-
191, 196
トレイシー　72
ラモーン　212
好きなモノと活動
仮説検証　149-150, 164, 175
好きなモノと活動に動機づけら
れた行動に取り組む　194-
195
好きなモノと活動を獲得するた
めに行動を使う　49-50,
145-146, 212
先行事象
観察　130-131
タイプ　41-42
定義　41
変更　187-188
例　132
先行操作　141-147, 154
潜時　82-84, 222
潜時に基づく機能分析　163, 170-
172
選択　56
前兆行動の機能分析　163, 172-
173
ソーシャル・スキル
ピアとの　8, 211
問題提起行動との関係　24-
26, 48

た行

退屈　151, 193
代替アセスメント・モデル
欠点　177
試行に基づく機能分析　163-
170
使用理由　161-162
潜時に基づく機能分析　163,
170-172
前兆行動の機能分析　163,
172-173
要求行動の機能分析　163,
173-176
タイムアウト　17-19, 198
他行動分化強化（DRO）　38
単独／無視条件　150-151, 165
注意
タイムアウト中に受ける注意
18-19
注意に関する仮説検証　144-
145
注意に動機づけられた行動への
取り組み　191-192
注意を求める例　132, 135-
136, 211
データ
A-B-C　130-136
仮説検証のためのデータ活用
143
データ収集のインタビュー
97-109
データの解釈　134
データの記述分析　136-139
データの記録方法　83,85
構造化されたデータ収集方法
128-139
構造化されていないデータ収集
方法　126-127
こっそりデータ記録 149
分析　154-156
データポイント　80
手助け要求　174
同意
親や保護者の　142-143, 232-
235
動機づけ, 動機づけ操作
遮断 vs. 飽和と　39
定義　36-39
変更　186-187
トーキング・チェア　196

逃避
　　逃避に動機づけられた行動
　　　　18, 50-51, 193-194
　　逃避についての仮説検証
　　　　150, 165, 175
　　逃避を求める例　　132, 208-
　　　　209
独語　　87, 196
特別な興味　　7-8, 190-191, 196-197

な行

慣れ　　17

は行

ハビリテーション　　67-68
反復的行動　　26-27
ピア
　　FBA に参加させる　　62-64,
　　　　121-123
　　ピアからの注意　　192
　　ピアを観察する　　127
ビデオ録画　　126-127, 151
人とのやり取りからの逃避　　50
頻度記録　　80, 218-219
弁別刺激　　42

ま行

無効操作　　36-37
問題提起行動
　　FBA の標的行動を選択　　66-
　　　　70
　　確率　　138
　　環境との関係　　19
　　観察　　125-139
　　危険な　　153-154, 159-160,
　　　　162, 173, 176, 204-205
　　機能　　45-56
　　強迫的な　　52
　　結果事象　　21-22
　　高頻度行動　　170
　　時間帯との関係性　　128-129
　　選択と問題提起行動　　56
　　前兆行動　　172-173
　　測定　　77-89

退屈と問題提起行動　　40, 193
代替行動　　188-189
脱学習　　157
他の行動とのオーバーラップ
　　　　53
注意に動機づけられた　　46-
　　　　49
定義　　73-75
低頻度行動　　162, 176
逃避に動機づけられた　　50-
　　　　51
複数の機能　　54-56
稀だが危険な行動　　204-205
目的　　19-22
モノ／活動に動機づけられた
　　　　49-50
問題提起行動についてのインタ
　　　　ビュー
　　集める情報　　97-98
　　大人用インタビュー・フォーム
　　　　100-109
　　回答の解釈　　110-120
　　子ども用インタビュー・フォー
　　　　ム　　121-123

や行

要求行動の機能分析　　163, 173-
　　　　176
要求条件　　150

ら行

弄便　　54

訳者あとがき

　本書は、Beth A. Glasberg and Robert H. LaRue（2015）による *Functional Behavior Assessment for People with Autism. 2nd edition* の翻訳です。第1版と第2版の大きな違いは、確立操作（EO）や動機づけ操作（MO）に関する記述の変更と、第8章「代替アセスメント・モデル」が加わり、第2版は全10章から11章になったことです。

　問題提起行動に対処するには、まずその機能を確定しなくてはなりません。行動の形態よりも機能が重要なのです。形態は違っても（なぐる、唾を吐く、大声で喚くなど）、同一の機能を果たすこともあれば、同じ形態でも機能は異なるという場合もあります。ですから、形態を問題にするよりも、機能を明らかにすることで、支援策が決まってきます。その行動の機能を明らかにする作業が、機能的行動アセスメント（FBA）であり、本書ではそのやり方が詳しく説明されます。さらにこの改訂版では、初版刊行以降に開発されたアセスメント法が紹介され（第8章）、家庭や学校で容易に使用できるようになりました。本書で説明されているアセスメント法は、あらゆるタイプの自閉スペクトラム障害の幼児、就学前児、児童生徒、青年、および成人の問題提起行動に使用できます。

　本書の読者と想定されている人は、自閉スペクトラム障害の当事者に日常的に接する人たち、しかも行動分析の専門家ではない人たち、すなわち親をはじめとする家族、教師、支援者たちです。その人たちに、包括的な機能的行動アセスメント（FBA）を独力で完了する方法を教えてくれます。とは言え、中身は決して簡単容易なものではありません。しかも、拙訳がさらに難しくしているかもしれません。だとすると申し訳ないです。

　本書において私は、problem behavior やその同義語について、

すべて「問題行動」ではなく、「問題提起行動」と訳しました。その理由は、「問題行動」という表現が個人モデル、すなわち本人の問題だという考えに基づいているのに対して、「問題提起行動」は社会モデルに基づいて、本人から社会（環境）への異議申し立てを表していると考えるからです。本書では使われていませんが、challenging behavior という語が、近年よく使われるようです。わが国では、かつては「挑戦的行動」と訳されたこともありますが、最近は「チャレンジング行動」とカタカナ表記にされることが増えているようです。「挑戦」という日本語を避けてのようですが、カタカナにしただけでは、多くの日本人は頭の中で「挑戦的」と読み替えるのではないでしょうか。「チャレンジ」は「挑戦」だけではなく、他にも意味があります。この場合は「異議申し立て」と受け取るべきでしょう。私は「問題提起行動」と呼ぶことにしています。

　他にも訳語が他書とは異なるものがあります。ASD は「自閉スペクトラム症」ではなく、「自閉スペクトラム障害」としました。普段、私は、社会モデルの考えを反映したくて、「自閉スペクトラム（AS）」と「自閉スペクトラム障害（ASD）」とを区別して使っています。また、intervention は「介入」ではなく「支援」としました。「介入」という語は、どうしても「軍事介入、武力介入」を連想してしまうからです。

　本書は、実は 2 部作の第 1 作目です。続編は *STOP That Seemingly Senseless Behavior: FBA-based Interventions for People with Autism*『自閉症の人の問題提起行動の解決――FBA（機能的行動アセスメント）に基づき支援する』で、この日本語版も本書と同時に刊行されます。この続編では、機能的行動アセスメントの結果に基づいて、行動支援計画を立て、それを実行することについて説明されます。この 2 冊から、問題提起行動の機能アセスメン

トおよび支援計画策定のやり方を学ぶことができるのです。ぜひ本書に続けて2冊目もお読みください。なお、200ページの米国の行動分析士認定協会のウェブサイトに関しては、原書のままにしておきました。日本のどのサイトで地元の認定行動分析士に連絡できるのかが分からなかったからです。

　最後に、本書刊行のためにご尽力いただいた明石書店の大江道雅社長、うるさい注文を聞き届けてくださった編集実務担当の清水聰さんに、心から感謝いたします。

2023年11月吉日

　　　　　　　　　　　　　　　　　　　　門 眞一郎

著者紹介・・・・・・・・・・・・・・・・・・・・・・・・・・・・・・・・・・・

ベス・A. グラスバーグ博士（Beth A. Glasberg, Ph.D., BCBA-D）
グラスバーグ行動コンサルティング・サービス社のディレクター、およびブレット・ディノヴィ・アンド・アソシエイツ社セントラル・ジャージー・オフィスの最高臨床責任者であり、ライダー大学の非常勤教授でもある。

ロバート・H. ラルー博士（Robert H. LaRue, Ph.D., BCBA-D）
ラトガーズ大学の臨床准教授であり、ダグラス発達障害センターの行動・研究サービス部長である。

訳者紹介・・・・・・・・・・・・・・・・・・・・・・・・・・・・・・・・・・・

門　眞一郎（かど　しんいちろう）
フリーランス児童精神科医。訳書に、カーリ・ダン・ブロン『レベル5は違法行為！　自閉症スペクトラムの青少年が対人境界と暗黙のルールを理解するための視覚的支援法』、エリーサ・ギャニオン『パワーカード　アスペルガー症候群や自閉症の子どもの意欲を高める視覚的支援法』、ブレンダ・スミス・マイルズ他『家庭と地域でできる自閉症とアスペルガー症候群の子どもへの視覚的支援』、キャロル・グレイ『コミック会話　自閉症などの発達障害のある子どものためのコミュニケーション支援法』、ジュード・ウェルトン『ねえ、ぼくのアスペルガー症候群の話、聞いてくれる？──友だちや家族のためのガイドブック』（共訳）、ジェド・ベイカー『写真で教えるソーシャル・スキル・アルバム』（共訳）（すべて明石書店）など。
自著はホームページに収載（https://kado2006.sakura.ne.jp/）

自閉症の人の機能的行動アセスメント（FBA）
問題提起行動を理解する

2023 年 11 月 30 日　初版第 1 刷発行

著　者　　ベス・A．グラスバーグ / ロバート・H．ラルー
訳　者　　門　　眞　一　郎
発行者　　大　江　道　雅
発行所　　株式会社　明石書店
　　　　　〒 101-0021　東京都千代田区外神田 6-9-5
　　　　　電　話　03（5818）1171
　　　　　ＦＡＸ　03（5818）1174
　　　　　振　替　　00100-7-24505
　　　　　http://www.akashi.co.jp

装　　丁　　明石書店デザイン室
印刷・製本　　モリモト印刷株式会社

（定価はカバーに表示してあります）　　　　ISBN978-4-7503-5678-5

自閉症スペクトラム〝ありのまま〟の生活
自分らしく楽しく生きるために
小道モコ、高岡健著 ◎1800円

ドナ・ウィリアムズの自閉症の豊かな世界
ドナ・ウィリアムズ著 門脇陽子、森田由美訳 ◎2400円

自閉症スペクトラム 家族が語るわが子の成長と生きづらさ
診断と支援にどう向き合うか
服部陵子著 ◎2500円

Q&A 家族のための自閉症ガイドブック
専門医による診断・特性理解・支援の相談室
服部陵子著 ◎2000円

自閉症スペクトラムの子どもと「通じる関係」をつくる関わり方
言葉に頼らないコミュニケーション力を育てる
牧真吉著 ◎1800円

アトウッド博士の自閉症スペクトラム障害の子どもの理解と支援
どうしてクリスはそんなことをするの？
トニー・アトウッド著 内山登紀夫監訳 八木由里子訳 ◎1600円

ワークブック アトウッド博士の〈感情を見つけにいこう〉① 怒りのコントロール
アスペルガー症候群のある子どものための認知行動療法プログラム
トニー・アトウッド著 辻井正次監訳 東海明子訳 ◎1200円

ワークブック アトウッド博士の〈感情を見つけにいこう〉② 不安のコントロール
アスペルガー症候群のある子どものための認知行動療法プログラム
トニー・アトウッド著 辻井正次監訳 東海明子訳 ◎1200円

自閉症スペクトラム症（ASD）社員だからうまくいく
才能をいかすためのマネージメントガイド
マーシャ・シャイナー、ジョーン・ボグデン著 梅永雄二訳 ◎2400円

アスペルガー症候群・高機能自閉症の人のハローワーク
能力を伸ばし最適の仕事を見つけるための職業ガイダンス
テンプル・グランディン、ケイト・ダフィー著 梅永雄二監修 柳沢圭子訳 ◎1800円

仕事がしたい！ 発達障害がある人の就労相談
梅永雄二編著 ◎1800円

アスペルガー症候群の人の就労・職場定着ガイドブック
適切なニーズアセスメントによるコーチング
バーバラ・ビソネット著 梅永雄二監修 石川ミカ訳 ◎2200円

アスペルガー症候群に特化した就労支援マニュアル ESP-IDD
職業カウンセリングからフォローアップまで
梅永雄二、井口修一著 障害特性を生かした就労支援 ◎1600円

アスペルガー症候群の人の仕事観
サラ・ヘンドリックス著 梅永雄二監訳 西川美樹訳 ◎1800円

Q&A 大学生のアスペルガー症候群
理解と支援を進めるためのガイドブック
福田真也著 ◎2000円

ADHDコーチング
大学生活を成功に導く援助技法
パトリシア・O・クインほか著 篠田晴男、高橋知音監訳 ハリス淳子訳 ◎2000円

〈価格は本体価格です〉

アスペルガー症候群がわかる本
理解と対応のためのガイドブック
クリストファー・ギルバーグ著
田中康雄監修　森田由美訳
◎1800円

児童期・青年期のADHD評価スケール
ADHD-RS-IV［DSM-5準拠］　チェックリスト　標準値とその臨床的解釈
ジョージ・J・デュポールほか著　市川宏伸、田中康雄、小野和哉監修　坂本律訳
◎3200円

大人のADHDのアセスメントと治療プログラム
当事者の生活に即した心理教育的アプローチ
スーザン・ヤング、ジェシカ・ブランハム著　田中康雄監修　石川ミカ訳
◎3800円

応用行動分析学
ジョン・O・クーパー、ティモシー・E・ヘロン、ウイリアム・L・ヒューワード著　中野良顯訳
◎18000円

ラター　児童青年精神医学【原書第6版】
アニタ・タパー、ダニエル・パインほか編　長尾圭造、氏家武、小野善郎、吉田敬子監訳
◎42000円

イマ　イキテル　自閉症兄弟の物語
知ろうとするより、感じてほしい
増田幸弘著
◎1600円

ADHD・アスペ系ママ　へんちゃんのポジティブライフ
発達障害を個性に変えて
笹森理絵著
◎1500円

先生がアスペルガーって本当ですか？
現役教師の僕が見つけた幸せの法則
ゴトウサンパチ著
◎1600円

発達障害　ヘンな子と言われつづけて
いじめられてきた私のサバイバルな日々
高橋今日子著
◎1600円

まんが　発達障害のある子の世界　ごもっくんはASD（自閉症スペクトラム障害）
大橋ケン著　林寧哲、宮尾益知監修
◎1600円

まんが　発達障害のある子の世界　トビオはADHD
大橋ケン著　林寧哲監修
◎1600円

読んで学べるADHDのペアレントトレーニング
むずかしい子にやさしい子育て
シンシア・ウィッタム著　上林靖子、中田洋二郎、藤井和子、井澗知美、北道子訳
◎1800円

ポジティブ・ディシプリンのすすめ
親力をのばす0歳から18歳までの子育てガイド
ジョーン・E・デュラント著　セーブ・ザ・チルドレン・ジャパン監修　柳沢圭子訳
◎1600円

むずかしい子を育てるペアレント・トレーニング
親子に笑顔がもどる10の方法
野口啓示著　のぐちふみこイラスト
◎1600円

教室の困っている発達障害をもつ子どもの理解と認知的アプローチ
非行少年の支援から学ぶ学校支援
宮口幸治著
◎1800円

性の問題行動をもつ子どものためのワークブック
発達障害・知的障害のある児童・青年の理解と支援
宮口幸治、川上ちひろ著
◎2000円

〈価格は本体価格です〉